FRITEUSE À AIR NINJA DUAL ZONE

ÉDITION COULEUR

Le Grand Livre pour l'Air Fryer à Double Compartiment avec de Nombreuses Recettes Saines, Rapides et Délicieuses.
Inclus FlexDrawer

Julia Langley

INDEX

Introduction 5
Comment Fonctionne La Ninja Dual Zone 6
Quels Sont Les Programmes De Cuisson De La Ninja Dual
Zone 7
Boutons De Fonctionnement 8
Cuisiner En Utilisant La Fonction Dual Zone 9
Cuisiner En Utilisant Une Seule Zone 10
Conseils Et Astuces 11
Nettoyage Et Entretien 12

PETIT-DÉJEUNER 13
Scones À La Crème Et À La Confiture 13
Pain Au Chocolat 14
Croissants Dans Une Friteuse À Air 14
Pain Perdu 15
Omelette Aux Fines Herbes 15
Avocado Toast Aux Œufs Au Plat 16
Crumpets Au Beurre Et À La Confiture 17
Welsh Rarebit 17
Churros Avec Sauce Au Chocolat 18
Beignets De Maïs Et Piment 19
Pancakes À L'avoine Avec Sirop D'érable 19
Toasts Aux Œufs Brouillés 20

RECETTES DE POULET ET DINDE 21
Cordon Bleu De Poulet Aux Courgettes 21
Quiche Au Poulet Et Aux Champignons 22
Cuisse De Dinde À La Moutarde 23
Escalopes De Dinde Panées À L'air 23
Suprêmes De Volaille Aux Champignons 24
Poulet Provençal Aux Tomates Et Olives 25
Cuisses De Poulet Rôties Avec Pommes De Terre...............25
Poulet Rôti Avec Pommes De Terre Rôties Et Légumes...26
Poulet Cacciatore Au Pain Croustillant 26
Caesar Salad 27
Ailes De Poulet Buffalo Avec Céleri Et Carottes.............27
Burgers De Dinde Avec Frites De Patates Douces 28
Pilons De Poulet Glacés 28
Poitrines De Poulet Grillées.................................29
Poulet Frit Classique..29
Burger De Poulet 30
Ailes De Poulet Au Miel Et À La Moutarde 30
Chicken Tikka Masala Au Riz Basmati 31

RECETTES DE BŒUF, PORC ET AGNEAU 32
Bœuf Bourguignon 32
Carré D'agneau À La Provençale 33
Tournedos Rossini..33
Rôti De Bœuf Aux Pommes De Terre 34

Porc Rôti Aux Herbes Et À L'ail 35
Côtelettes De Porc Panées....................................35
Mini Bœuf Wellington 36
Viandes Grillées Assorties...................................36
Bifteck Au Poivre Avec Champignons 37
Côtelettes De Porc Avec Pommes Et Cidre 37
Rôti De Porc Aux Patates Douces..............................38
Côtelettes D'agneau Avec Ratatouille.........................38
Tagine D'agneau Marocain 39
Côtelettes D'agneau Rôties Avec Sauce À La Menthe.........39
Kofta De Bœuf Avec Légumes Rôtis 40
Filet De Porc Avec Légumes Rôtis 41
Kebabs D'agneau Et Aubergines Grillées 41
Souris D'agneau Avec Légumes Racines 42

RECETTES DE POISSON 43
Bouillabaisse 43
Dorade Royale En Papillote 44
Crevettes Grillées À L'ail Et Au Persil 44
Coquilles Saint-Jacques À La Provençale......................45
Saumon Aux Épinards 45
Roulades De Plie Aux Asperges................................46
Bar À La Ratatouille 46
Moules Marinières Avec Croûtons De Pain 47
Calamars Frits Avec Sauce Aïoli 47
Filets De Cabillaud Aux Pommes De Terre Croquantes...48
Queues De Homard Grillées Au Beurre À L'ail..................49
Saumon Rôti Aux Asperges Et Parmesan 49
Coquilles Saint-Jacques Au Citron Et À L'ail Avec Asperges...50
Steaks De Thon Avec Haricots Verts...........................50
Ragoût De Poisson Avec Pain À L'ail..........................51
Filets De Bar En Air Fryer 51

LÉGUMES ET ACCOMPAGNEMENTS 52
Falafel Aux Légumes Rôtis 52
Pommes De Terre Rôties Croquantes 53
Chips De Patate Douce 53
Carottes Glacées Au Miel Et Au Thym 54
Pommes De Terre Écrasées À L'ail Et Au Thym 54
Betteraves Rôties Avec Feta Et Noix 55
Dés De Courge Rôtis Avec Pain Grillé 55
Maïs Au Beurre Aux Herbes 56
Champignons Portobello Farcis 56
Choux De Bruxelles Au Bacon 57
Gratin De Chou-Fleur Au Fromage 57
Ratatouille De Légumes 58
Petits Pois À La Menthe 58
Légumes Grillés 59
Pommes De Terre Hasselback...................................59

INDEX

Croquettes De Pommes De Terre 60
Aubergines Farcies À La Mozzarella 60
Pommes De Terre Farcies Au Cheddar Et À La Pancetta...61

SNACKS ET APÉRITIFS **62**
Arancini Au Jambon, Champignons Et Gruyère 62
Panais Frits Au Persil 63
Champignons Farcis 63
Gougères Au Fromage 64
Bruschetta Tomate Et Basilic 65
Nuggets De Poulet 65
Boulettes De Haggis Et Poivrons Rôtis 66
Frites Classiques 66
Croque Monsieur Classique 67
Chips Au Sel Et Vinaigre 68
Mini Quiches Lorraine 68

DESSERTS **69**
Macarons 69
Madeleines 70
Pain D'épices 70
Galette Des Rois 71
Petits Fours Au Chocolat 71
Soufflé Au Chocolat 72
Chips De Pommes 73
Tarte Aux Poires Et Aux Amandes 73
Brownie Au Chocolat Et Beurre De Cacahuètes...74
Gâteau Au Citron 75
Mini Clafoutis Aux Cerises 75
Profiteroles 76

PETITS-DÉJEUNERS INTERNATIONAUX **77**
Black Pudding 77
Gâteaux Rochers 77
Bananes Rôties 78
Frittata Aux Légumes Et Cheddar 78

PLATS INTERNATIONAUX **79**
Pita Grecque Au Poulet Et Tzatziki......................79
Poulet Au Curry 80
Sandwich De Dinde Rôtie 80
Poulet Tandoori Chinois 81
Shawarma De Poulet 81
Currywurst De Poulet 82
Yorkshire Puddings Avec Rôti De Bœuf 82
Escalope De Porc (Schweineschnitzel) 83

Gyoza Japonais 83
Saumon Teriyaki 84
Nuggets De Scampi 84
Crevettes Au Panko 85
Galettes De Crabe Avec Sauce Chili Douce................85
Tempura De Crevettes Japonaises 86
Tacos De Poisson Mexicains 86
Nachos Mexicains 87

LÉGUMES ET SNACKS INTERNATIONAUX................**88**
Aubergines À La Parmigiana 88
Pão De Queijo Brésilien 89
Asperges Au Jambon 89
Poivrons Farcis 90
Œufs Écossais 91
Calzone Farci À La Ricotta Et Au Salami 92
Empanadas Argentines 93

DESSERTS INTERNATIONAUX **94**
Cannoli Siciliens 94
Sablés Écossais 95
Pudding Au Pain 95
Lebkuchen 96
Muffins À La Banane Et Au Toffee 97

Introduction

Bienvenue dans le monde révolutionnaire de la cuisine avec la friteuse à air **Ninja Dual Zone**, un appareil qui transforme notre façon de préparer les repas quotidiens. À une époque où le temps est précieux et la santé primordiale, la Ninja Dual Zone s'impose comme une alliée indispensable en cuisine, promettant des plats délicieux avec une quantité de graisse bien inférieure à celle des méthodes de friture traditionnelles.

La friteuse à air Ninja Dual Zone se distingue par sa technologie innovante Dual Zone, qui permet de cuisiner deux plats différents simultanément, optimisant ainsi le temps et l'énergie sans compromettre la qualité ou la saveur. Qu'il s'agisse de frites croustillantes, de morceaux de poulet juteux ou de légumes croquants, cet appareil polyvalent garantit des résultats exceptionnels, permettant même aux débutants de devenir de véritables experts en cuisine saine..

Dans notre pays, où la cuisine maison occupe une place centrale dans la vie quotidienne et où la recherche d'options alimentaires saines est de plus en plus prioritaire, la Ninja Dual Zone se présente comme une solution idéale. Avec une simplicité d'utilisation surprenante et un entretien minimal, cette friteuse à air innovante permet même aux novices de la cuisine d'explorer de nouvelles recettes et techniques de cuisson, faisant de chaque repas une aventure culinaire.

Ce livre de recettes a été conçu dans le but de vous guider à travers les possibilités infinies offertes par votre friteuse à air Ninja Dual Zone. Des recettes les plus simples et rapides pour les jours de semaine aux plats plus élaborés pour les occasions spéciales, vous trouverez des idées inspirantes qui satisferont tous les palais et besoins alimentaires. Chaque recette a été soigneusement sélectionnée et testée pour garantir des résultats impeccables, vous permettant de tirer le meilleur parti des capacités uniques de votre friteuse à air.

Nous vous invitons à vous plonger dans ce voyage culinaire, découvrant non seulement comment préparer des plats délicieux et sains, mais aussi comment réinventer votre façon de cuisiner et de vivre la cuisine maison.

Comment fonctionne la Ninja Dual Zone

La friteuse à air Ninja Dual Zone se distingue par sa polyvalence et son efficacité, grâce à la présence de deux paniers indépendants qui permettent de cuisiner deux plats simultanément, avec des temps et des températures distincts pour chaque zone. Cette caractéristique ouvre une nouvelle dimension de flexibilité en cuisine, permettant de préparer une variété infinie de plats avec une simplicité étonnante.

En plus de la technologie Dual Zone, la Ninja est équipée de divers programmes de cuisson prédéfinis qui facilitent encore davantage la préparation des repas. Parmi ceux-ci, retrouvez la friture à air, la cuisson au four, le réchauffage et même la déshydratation, faisant de cet appareil un outil extrêmement polyvalent pouvant remplacer plusieurs appareils électroménagers dans la cuisine.

Un autre point fort de la Ninja Dual Zone est son efficacité énergétique. En effet, comparée aux méthodes de cuisson traditionnelles, cet appareil permet de réduire significativement les temps de cuisson, contribuant ainsi à une économie d'énergie notable. La facilité de nettoyage est un autre aspect très apprécié des utilisateurs ; les paniers amovibles sont antiadhésifs et facilement lavables, que ce soit à la main ou au lave-vaisselle, pour un entretien post-cuisson rapide et simple.

Enfin, la Ninja Dual Zone ne se contente pas d'offrir une cuisine plus saine et moins grasse ; elle est également un catalyseur de créativité en cuisine. Les utilisateurs sont encouragés à expérimenter leurs talents avec des recettes nouvelles et innovantes, explorant des modes de cuisson qui pouvaient auparavant sembler complexes ou inaccessibles.

En résumé, la friteuse à air Ninja Dual Zone représente un saut qualitatif dans la technologie des appareils de cuisine, offrant un mélange équilibré d'efficacité, de polyvalence et de commodité, le tout conçu pour s'adapter au rythme et aux exigences de la vie moderne.

Quels sont les programmes de cuisson de la Ninja Dual Zone

La friteuse à air Ninja Dual Zone offre sept modes de cuisson innovants, permettant de transformer chaque repas en une expérience unique.

Explorons ensemble les différentes fonctions qui rendent cet appareil si polyvalent et indispensable dans chaque cuisine.

Max Crisp: La solution parfaite pour ces moments où vous souhaitez déguster des en-cas surgelés comme des frites ou des nuggets de poulet, obtenant une croustillance extrême que seules des températures élevées peuvent garantir. Avec une température préréglée à 240°C, Max Crisp assure des résultats dorés et satisfaisants en un temps record.

Air Fry: Ce mode est le cœur battant de la friteuse, idéal pour obtenir cette croustillance irrésistible typique des fritures mais avec un minimum d'huile. Que vous souhaitiez préparer des frites, des ailes de poulet ou divers snacks, Air Fry vous permet de savourer vos plats préférés de manière plus saine, avec une température moyenne de 200°C.

Roast: Conçu pour les amateurs de plats rôtis, qu'il s'agisse de viande ou de légumes, cette fonction transforme la Ninja Dual Zone en un véritable four, capable de rôtir chaque ingrédient à la perfection. La température de 190°C garantit une cuisson uniforme et des résultats toujours succulents.

Reheat: Oubliez le micro-ondes qui rend tout caoutchouteux ! La fonction Reheat a été conçue pour réchauffer vos plats préférés, les rendant croustillants et savoureux comme s'ils venaient d'être préparés, grâce à une température contrôlée de 170°C. C'est le choix idéal pour revivre le plaisir d'un repas sans compromis.

Dehydrate: Ce mode permet de déshydrater des fruits, des légumes et des viandes séchées, avec une température suggérée de 60°C, idéale pour créer des snacks sains et délicieux.

Bake: Pour les passionnés de pâtisserie, le mode Bake transforme la friteuse en un four de pâtisserie efficace. En réglant la température moyenne à 160°C, il est possible de réaliser des chefs-d'œuvre sucrés, de la tarte au chocolat aux muffins moelleux et parfumés.

Prove: Cette fonctionnalité crée l'environnement idéal pour laisser reposer et lever la pâte, améliorant ainsi la texture et la saveur de vos préparations.

Grâce à ces sept modes de cuisson, la friteuse à air Ninja Dual Zone se pose comme un compagnon indispensable dans la cuisine moderne, capable de s'adapter à chaque besoin culinaire et de transformer chaque repas en une occasion spéciale.

Boutons de fonctionnement

Explorons les boutons qui animent la Ninja Dual Zone, chacun conçu pour rendre l'expérience culinaire non seulement plus intuitive mais aussi extraordinairement polyvalente.

SYNC : D'une simple pression, SYNC aligne les temps de cuisson des deux zones, garantissant que chaque composant du repas atteint la perfection simultanément, malgré les différences initiales dans les temps ou les réglages de cuisson.

MATCH : L'option MATCH est l'allié parfait pour ceux qui souhaitent dupliquer les réglages d'une zone à l'autre en un seul geste. Que ce soit pour doubler la portion d'un seul plat ou utiliser le même mode de cuisson pour différents aliments, MATCH flu idifie le processus et évite les interruptions, assurant une uniformité de cuisson et des résultats impeccables.

START/STOP : Le bouton multifonction n'est pas seulement un élément de contrôle mais le cœur de l'interaction avec la friteuse. Facile à tourner pour sélectionner le mode souhaité, il se transforme en un pratique bouton START/STOP avec une simple pression. Ce système permet de démarrer ou de mettre en pause le cycle de cuisson avec une facilité surprenante, donnant aux utilisateurs un contrôle total sur le processus culinaire.

MODE STANDBY : Conçue pour la sécurité et l'économie d'énergie, ce mode s'active après 10 minutes d'inactivité, mettant l'appareil en pause. C'est un rappel de l'attention que la Ninja Dual Zone porte non seulement à vos plats mais aussi à votre environnement domestique.

MODE HOLD : Hold apparaîtra lorsque la Ninja est en mode SYNC, permettant à une zone de maintenir les aliments au chaud tandis que l'autre termine la cuisson. Cela assure que chaque élément de votre repas soit prêt et parfait au bon moment, éliminant les attentes et synchronisant les temps de service.

Voici votre cadeau gratuit!

Scannez ici pour le télécharger

Cuisiner en utilisant la fonction dual zone

La friteuse à air Ninja Dual Zone élève l'art de la cuisine en offrant deux modes distincts pour orchestrer les repas: **SYNC** et **MATCH**.

Voici comment chacune de ces fonctionnalités peut transformer votre façon de cuisiner, présentées à travers des guides pratiques étape par étape.

1- FONCTION SYNC Avec la FONCTION SYNC, vous pouvez cuire deux types d'aliments différents simultanément, en utilisant des réglages de température et de temps spécifiques pour chaque zone. Ce qui rend SYNC si révolutionnaire, c'est sa capacité à synchroniser la fin de la cuisson, garantissant que les deux plats soient prêts exactement au même moment.

Procédure étape par étape avec SYNC:
Étape 1 : Préparation de la Zone 1
* Chargez les aliments dans les paniers appropriés.
* L'appareil sélectionnera automatiquement la Zone 1.
* Choisissez le programme de cuisson, par exemple Air Fry.

Étape 2: Réglages de Température et de Temps
* Réglez la température en utilisant les flèches à gauche.
* Définissez le temps avec les flèches à droite.

Étape 3: Préparation de la Zone 2
* Passez à la Zone 2 et sélectionnez le programme de cuisson, par exemple Roast, en répétant les réglages de température et de temps.

Étape 4: Début de la Cuisson
* Activez la fonction SYNC.
* Appuyez sur START/STOP pour commencer. La fonction HOLD s'activera automatiquement dans la zone avec le temps de cuisson le plus court.

2- FONCTION MATCH
MATCH vous permet de dupliquer exactement les réglages de la Zone 1 à la Zone 2, idéal pour cuisiner de plus grandes portions du même aliment ou pour utiliser le même programme de cuisson pour des aliments différents mais compatibles.

Procédure étape par étape avec MATCH:
Étape 1 : Configuration de la Zone 1
* Insérez les aliments dans les paniers.
* La Zone 1 est configurée automatiquement.
* Sélectionnez votre programme de cuisson préféré, par exemple Air Fry.

Étape 2 : Réglage de Température et de Temps
* Utilisez les flèches à gauche pour la température.
* Réglez le temps avec les flèches à droite.

Étape 3 : Début de la Cuisson
* Activez MATCH.
* Démarrez la cuisson en appuyant sur START/STOP.

Ces instructions étape par étape pour l'utilisation des **FONCTIONS SYNC** et **MATCH** soulignent la facilité et l'efficacité avec lesquelles la friteuse à air Ninja Dual Zone permet de gérer la préparation des repas. Grâce à ces fonctions avancées, il est possible de maximiser la flexibilité de cuisson, de gagner un temps précieux et de s'assurer que chaque plat soit parfaitement cuit, prêt à ravir les papilles des membres de votre famille et de vos amis.

Les fonctionnalités SYNC et MATCH illustrent parfaitement la conception de la friteuse à air Ninja Dual Zone, axée sur la commodité de l'utilisateur et la polyvalence culinaire.. Avec ces fonctionnalités, vous pouvez facilement coordonner la préparation de plusieurs composants du repas, vous assurant que tout soit prêt au bon moment, ou simplement élargir les options de cuisson pour vos recettes préférées.

Cuisiner en utilisant une seule zone

La friteuse à air Ninja Dual Zone offre la possibilité d'utiliser une seule zone de cuisson, s'adaptant parfaitement aussi bien à ceux qui cuisinent pour une personne qu'à ceux qui préparent des aliments différents qui n'ont pas besoin de terminer la cuisson en même temps. Voyons comment tirer le meilleur parti de cette fonctionnalité.

Cuisiner des Aliments Différents Sans Synchronisation

Si vous prévoyez de préparer deux types d'aliments qui ne doivent pas nécessairement être prêts en même temps, vous pouvez facilement gérer les deux zones indépendamment.

Procédure Étape par Étape pour Cuisiner Sans Synchronisation:
Étape 1: Configuration de la Zone 1
- Chargez les aliments dans le panier de la Zone 1.
- L'appareil reconnaîtra automatiquement la Zone 1 comme active.
- Sélectionnez le programme de cuisson souhaité, par exemple Air Fry.

Étape 2: Réglages de Température et de Temps
- Réglez la température avec les flèches à gauche.
- Définissez le temps souhaité avec les flèches à droite.

Étape 3: Configuration de la Zone 2
- Suivez les mêmes étapes que pour la Zone 1 pour configurer les aliments et le programme de cuisson dans la Zone 2.

Étape 4: Début de la Cuisson
- Démarrez la cuisson en appuyant sur le bouton de sélection.

Cuisiner un Seul Plat

Pour ceux qui préfèrent utiliser la Ninja Dual Zone pour préparer un seul plat, la procédure est simple et efficace, transformant la friteuse en un appareil traditionnel mais avec tous les avantages de la technologie Dual Zone.

Procédure Étape par Étape pour Cuisiner un Seul Plat:
Étape 1: Configuration de la Zone 1
- Insérez les aliments dans le panier de la Zone 1.
- La friteuse se configurera automatiquement sur la Zone 1.
- Choisissez votre programme de cuisson, par exemple Air Fry.

Étape 2: Réglages de Température et de Temps
- Utilisez les flèches à gauche pour la température.
- Définissez le temps de cuisson avec les flèches à droite.

Étape 3: Début de la Cuisson
- Appuyez sur le bouton pour commencer le cycle de cuisson.

Note: Pour tous les modes de cuisson (en utilisant la fonction dual zone ou une seule zone), la Ninja se mettra automatiquement en pause chaque fois qu'un compartiment est ouvert. Pour reprendre la cuisson, il suffit de réinsérer le panier.

Conseils et astuces

Pour utiliser votre friteuse à air Ninja Dual Zone de manière optimale, ces conseils pratiques vous aideront à améliorer la qualité et la consistance de vos plats.
Voici quelques lignes directrices pour transformer chaque repas en chef-d'œuvre culinaire:

1. **Répartition des Ingrédients:** Pour garantir une cuisson uniforme, il est essentiel de disposer les aliments en une seule couche, en évitant les superpositions. Dans le cas d'ingrédients qui ont tendance à se superposer, n'oubliez pas de secouer le panier à mi-cuisson pour assurer un brunissage homogène.

2. **Ajustements en Cours de Cuisson:** La friteuse permet de modifier la température et le temps de cuisson même après le démarrage du cycle. Sélectionnez la zone concernée et utilisez les flèches pour effectuer vos ajustements, garantissant ainsi la flexibilité nécessaire pour obtenir des résultats impeccables.

3. **Conversion des Recettes:** Lorsque vous convertissez des recettes du four traditionnel, réduisez la température de 10°C pour vous adapter aux particularités de la cuisson à air. Il est également conseillé de vérifier régulièrement la cuisson des aliments pour éviter une surcuisson.

4. **Utilisation des Plaques Crisper:** Ces accessoires élèvent les ingrédients, permettant à l'air de circuler tout autour, essentiel pour obtenir cette croustillance uniforme et désirée de tous les côtés.

5. **Démarrage Rapide:** Une fois le mode de cuisson sélectionné, vous pouvez commencer immédiatement en appuyant sur le bouton. L'appareil fonctionnera selon les réglages de température et de temps prédéfinis, simplifiant ainsi le processus de cuisson.

6. **Cuisson des Légumes et des Pommes de Terre:** Pour les légumes frais et les pommes de terre, l'ajout d'au moins une cuillère à soupe d'huile est recommandé pour favoriser la croustillance. N'hésitez pas à ajuster la quantité d'huile en fonction de vos préférences personnelles.

7. **Contrôle de la Cuisson:** Il est important de vérifier les aliments pendant la cuisson et de les retirer lorsqu'ils ont atteint le degré de dorure ou de cuisson souhaité. L'utilisation d'un thermomètre instantané peut être particulièrement utile pour les viandes et les poissons, assurant qu'ils atteignent la température interne sûre sans brûler.

En suivant ces conseils, vous serez en mesure de maximiser les capacités de votre friteuse à air Ninja Dual Zone, apportant à votre table des plats délicieux et sains avec une extrême simplicité.

Nettoyage et entretien

Pour garantir que votre friteuse à air Ninja Dual Zone continue de fonctionner au mieux de ses capacités, un nettoyage et un entretien réguliers sont essentiels.

Suivez ces étapes pour préserver votre friteuse de manière optimale après chaque utilisation:

1. **Avant Tout:** Assurez-vous de débrancher la friteuse de la prise de courant et attendez qu'elle soit complètement refroidie avant de procéder à toute opération de nettoyage.

2. **Nettoyage de l'Unité Principale:**
   - Pour nettoyer l'extérieur de l'unité principale et le panneau de contrôle, il est recommandé d'utiliser un chiffon doux légèrement humide. Cela permet de retirer les taches ou résidus sans endommager les composants électriques.
   - **Important:** Ne plongez jamais l'unité principale dans l'eau ou tout autre liquide et évitez d'utiliser le lave-vaisselle pour la nettoyer.

3. **Entretien des Paniers et des Plaques Crisper:**
   - Les paniers et les plaques Crisper peuvent être nettoyés au lave-vaisselle pour plus de commodité, ou, pour un soin supplémentaire, à la main. • Pour un lavage à la main efficace, utilisez de l'eau chaude savonneuse et laissez tremper les composants si nécessaire, surtout si des résidus alimentaires sont collés. Après le lavage, vous pouvez choisir de les laisser sécher à l'air libre ou d'utiliser une serviette pour les essuyer.
   - **Conseil:** Pour préserver au mieux les paniers et prolonger leur durée de vie, il est conseillé de les nettoyer manuellement.

Suivre ces recommandations vous aidera non seulement à maintenir votre friteuse à air Ninja Dual Zone en parfait état, mais garantira également que vos plats restent impeccables à chaque utilisation. N'oubliez pas que l'entretien et le nettoyage réguliers sont essentiels pour la longévité et les performances optimales de votre appareil.

Voici votre cadeau gratuit!

Scannez ici pour le télécharger

SCONES À LA CRÈME ET À LA CONFITURE

🕐 **Préparation**
15 min

🍲 **Cuisson**
10-12 min

🍽 **Portions**
8

Préparation

1. Sur une surface légèrement farinée, mélangez la farine, la levure et le sucre. Ajoutez le beurre et travaillez le mélange jusqu'à obtenir une consistance sablonneuse. Formez un puits au centre, ajoutez les œufs et la majeure partie du lait, puis mélangez jusqu'à obtenir une pâte souple.
2. Étalez la pâte sur une épaisseur d'environ 2 cm. Utilisez un emporte-pièce rond pour découper les scones dans la pâte.
3. Préparez les paniers de la friteuse en les vaporisant légèrement d'huile en spray. Disposez les scones dans les paniers en laissant un espace entre chacun pour permettre la circulation de l'air.
4. Badigeonnez le dessus des scones avec le reste du lait.
5. Réglez "**BAKE**" à 200 °C et le minuteur sur 10-12 minutes. Utilisez le bouton "MATCH" pour dupliquer ces réglages dans la Zone 2, garantissant que les deux lots de scones cuisent uniformément et soient prêts en même temps.
6. Appuyez sur "START/STOP" pour lancer la cuisson.
7. Une fois cuits, laissez refroidir les scones sur une grille pendant quelques minutes.
8. Servez les scones coupés en deux avec une bonne dose de confiture de fraises et une généreuse portion de crème.

Ingrédients

- 450 g de farine avec levure incorporée
- 2 c. à. c. de levure chimique
- 50 g de sucre semoule
- 100 g de beurre froid, coupé en dés
- 2 gros œufs
- 200 ml de lait, plus un peu plus pour badigeonner
- Confiture de fraises, pour servir
- Crème, pour servir

PAIN AU CHOCOLAT

 Préparation
15 min

Cuisson
15 min

Portions
4

Ingrédients

- 1 rouleau de pâte feuilletée rectangulaire (environ 230 g)
- 100 g de chocolat noir, coupé en morceaux
- 1 œuf, légèrement battu pour badigeonner
- Sucre glace pour la décoration

Préparation

1. Déroulez la pâte feuilletée et coupez-la en 4 rectangles égaux.
2. Placez un morceau de chocolat sur le bord le plus court de chaque rectangle de pâte.
3. Roulez la pâte autour du chocolat pour former un cylindre. Scellez les bords en les badigeonnant avec un peu d'œuf battu.
4. Placez 2 pains au chocolat dans le panier de la Zone 1 et les 2 autres dans le panier de la Zone 2.
5. Sélectionnez la fonction "**BAKE**", réglez la température à 180 °C et le temps de cuisson à 15 minutes.
6. Appuyez sur le bouton "MATCH" pour reproduire les paramètres de cuisson de la Zone 1 à la Zone 2.
7. Appuyez sur "START/STOP" pour lancer la cuisson.
8. À mi-cuisson, ouvrez avec précaution la Ninja Dual et badigeonnez le dessus des pains au chocolat avec l'œuf restant pour obtenir une finition dorée et brillante.
9. À la fin de la cuisson, saupoudrez les pains au chocolat de sucre glace avant de servir.

CROISSANTS DANS UNE FRITEUSE À AIR

Préparation
10 min

Cuisson
12 min

Portions
4

Ingrédients

- 1 paquet de croissants prêts à cuire (environ 250 g)

Préparation

1. Sortez les croissants de l'emballage et disposez-les sur les plaques de cuisson des paniers des Zones 1 et 2. Assurez-vous qu'ils ne se touchent pas pour garantir une cuisson uniforme.
2. Sélectionnez la fonction "**AIR FRY**", réglez la température à 180 °C et le temps de cuisson à 12 minutes.
3. Appuyez sur le bouton "MATCH" pour dupliquer les réglages de cuisson de la Zone 1 à la Zone 2. Appuyez sur "START/STOP" pour lancer la cuisson.
4. À mi-cuisson, ouvrez prudemment la friteuse à air et, si nécessaire, tournez délicatement les croissants pour assurer un brunissement uniforme.
5. Une fois la cuisson terminée, laissez reposer les croissants pendant 1 à 2 minutes.
6. Servez les croissants chauds, nature ou garnis de confiture ou de crème.

PAIN PERDU

 Préparation
5 min

Cuisson
7 min

Portions
4

Ingrédients

- 4 tranches de pain
- 2 gros œufs
- 100 ml de lait
- 1 c. à. c. de sucre vanillé
- 1/2 c. à. c. de cannelle en poudre
- Une pincée de sel
- Beurre ou huile pour graisser
- Sirop d'érable et fruits frais pour servir

Préparation

1. Dans un grand bol, fouettez les œufs avec le lait, le sucre vanillé, la cannelle et une pincée de sel jusqu'à ce que le mélange soit homogène.
2. Trempez les tranches de pain dans le mélange en vous assurant que chaque côté soit bien imbibé.
3. Vaporisez légèrement les paniers des deux zones avec de l'huile en spray. Disposez deux tranches de pain imbibées dans chaque zone.
4. Activez le mode "**BAKE**" et réglez la température à 180 °C et le temps de cuisson à 8 minutes.
5. Après avoir configuré la Zone 1, appuyez sur le bouton "MATCH" pour dupliquer les réglages dans la Zone 2. Appuyez sur "START/STOP" pour lancer la cuisson.
6. Vérifiez les toasts vers la fin du temps de cuisson pour vous assurer qu'ils sont dorés et bien cuits. Si nécessaire, laissez cuire encore quelques minutes.
7. Servez le pain perdu immédiatement, accompagné de sirop d'érable et de fruits frais à volonté.

OMELETTE AUX FINES HERBES

 Préparation
5 min

Cuisson
8 min

Portions
1

Ingrédients

- 3 œufs (environ 150 ml une fois battus)
- 30 ml de lait
- 20 g d'herbes fraîches hachées (persil, ciboulette, basilic)
- Sel et poivre au goût
- 15 g de beurre ou d'huile pour graisser

Préparation

1. Dans un bol, battez les œufs avec le lait, les herbes hachées, le sel et le poivre jusqu'à obtenir un mélange homogène.
2. Graissez légèrement la plaque de cuisson du panier de la Zone 1 avec du beurre ou de l'huile.
3. Versez le mélange d'œufs dans la plaque de cuisson.
4. Sélectionnez la fonction "**BAKE**" dans la Zone 1, réglez la température à 160 °C et le temps de cuisson à 8 minutes.
5. Appuyez sur "START/STOP" pour lancer la cuisson.
6. Après 4 minutes de cuisson, ouvrez prudemment la friteuse et utilisez une spatule pour soulever doucement les bords de l'omelette, permettant à l'œuf liquide de glisser en dessous pour une cuisson uniforme.
7. Une fois la cuisson terminée, utilisez la spatule pour plier délicatement l'omelette en deux.
8. Servez immédiatement l'omelette chaude, garnie d'une pincée supplémentaire d'herbes fraîches si désiré.

AVOCADO TOAST AUX ŒUFS AU PLAT

🕐 **Préparation**
5 min

🍲 **Cuisson**
10 min

🍽 **Portions**
2

Préparation

1. Badigeonnez légèrement les tranches de pain d'huile d'olive extra vierge.
2. Placez les tranches dans la Zone 1, sélectionnez le mode "**BAKE**", réglez la température à 180 °C et le temps de cuisson à 10 minutes.
3. Vaporisez le panier de la Zone 2 avec de l'huile en spray pour éviter que les œufs ne collent.
4. Cassez délicatement un œuf dans le panier, en veillant à garder le jaune intact. Répétez avec le deuxième œuf, en vous assurant qu'ils aient suffisamment d'espace entre eux.
5. Choisissez le mode "**AIR FRY**" pour la Zone 2, réglez la température à 180 °C, appuyez sur "SYNC" puis "START/STOP" pour démarrer la cuisson.
6. Pendant ce temps, coupez l'avocat en deux, retirez le noyau et récupérez la chair à l'aide d'une cuillère. Écrasez l'avocat dans un bol et assaisonnez de sel, de poivre et d'un peu de jus de citron, selon vos préférences.
7. Une fois les toasts dorés, sortez-les de la friteuse et étalez l'avocat écrasé sur chaque tranche.
8. À l'aide d'une spatule, transférez délicatement chaque œuf au plat sur l'avocado toast et servez.

Ingrédients

- 2 tranches de pain complet ou au choix
- 1 avocat mûr
- 2 gros œufs
- Sel et poivre, à votre goût
- Huile pour graisser
- Jus de citron, optionnel

CRUMPETS AU BEURRE ET À LA CONFITURE

 Préparation
15 min

Cuisson
12 min

Portions
4

Ingrédients

- 300 g de farine "Soft/Patent"
- 1 c. à. c. de sucre
- 1/2 c. à. c. de sel
- 2 c. à. c. de levure sèche active
- 200 ml d'eau tiède
- 200 ml de lait tiède
- Beurre, pour servir
- Confiture au choix, pour servir
- Huile en spray

Préparation

1. Dans un grand bol, mélangez la farine, le sucre, le sel et la levure. Ajoutez l'eau et le lait, en mélangeant pour obtenir une pâte lisse. Couvrez d'un linge humide et laissez reposer dans un endroit chaud pendant environ 1 heure.
2. Après que la pâte a levé, faites chauffer doucement une poêle antiadhésive sur une plaque. Placez des cercles à crumpets ou des emporte-pièces ronds dans la poêle et versez la pâte dans les cercles jusqu'à la moitié de leur hauteur.
3. Lorsque les crumpets sont dorés en dessous et que des bulles apparaissent en surface, retirez-les des cercles et transférez-les dans la friteuse à air, dans les deux paniers.
4. Sélectionnez le mode "**AIR FRY**", réglez la température à 180 °C et le temps de cuisson à 12 minutes.
5. Appuyez sur le bouton "MATCH" et lancez la cuisson avec "START/STOP," en retournant les crumpets à mi-cuisson pour garantir qu'ils soient dorés uniformément sur les deux faces.
6. Servez les crumpets chauds avec une généreuse noix de beurre et votre confiture préférée.

WELSH RAREBIT

 Préparation
10 min

 Cuisson
5-6 min

Portions
4

Ingrédients

- 4 tranches épaisses de pain
- 150 g de cheddar râpé
- 2 c. à s. de bière brune
- 1 c. à s. de sauce Worcestershire
- 1 c. à c. de moutarde en
- poudre
- 1 petite gousse d'ail, écrasée
- Poivre noir fraîchement moulu
- Huile en spray

Préparation

1. Dans une petite casserole, mélangez le cheddar râpé, la bière, la sauce Worcestershire, la moutarde en poudre et l'ail. Chauffez à feu doux, en remuant constamment, jusqu'à ce que le fromage soit complètement fondu. Salez et poivrez selon vos goûts.
2. Vaporisez légèrement les paniers avec de l'huile en spray. Placez les tranches de pain dans les paniers et répartissez uniformément le mélange de fromage fondu sur les tranches.
3. Sélectionnez "**BAKE**" et réglez la température à 200 °C avec un temps de cuisson de 5 à 6 minutes.
4. Appuyez sur "MATCH" pour reproduire les réglages de la Zone 1 dans la Zone 2 et commencez la cuisson avec le bouton "START/STOP."
5. Une fois que le Welsh Rarebit est bien doré, retirez-le avec précaution et laissez refroidir.
6. Coupez chaque tranche en deux ou en quatre et servez.

CHURROS AVEC SAUCE AU CHOCOLAT

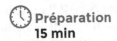 **Préparation**
15 min

 Cuisson
10 min

 Portions
4

Préparation

1. Dans une casserole de taille moyenne, portez l'eau, le beurre, le sel et les 2 c. à s. de sucre à ébullition.
2. Réduisez le feu et ajoutez la farine d'un seul coup, en remuant vigoureusement jusqu'à former une boule qui se détache des parois de la casserole.
3. Retirez du feu et laissez refroidir quelques minutes. Ajoutez ensuite les œufs un par un, en mélangeant bien, puis incorporez la vanille.
4. Transférez la pâte dans une poche à douille avec une embouchure en étoile.
5. Vaporisez un peu d'huile dans les paniers, puis poussez la pâte directement dans les paniers, coupant les churros à la longueur souhaitée.
6. Sélectionnez "**AIR FRY**", réglez la température à 190 °C et le temps de cuisson à 10 minutes. Ensuite, appuyez sur "MATCH" et sur "START/STOP" pour démarrer la cuisson.
7. Dans une casserole, portez la crème et le sucre glace à ébullition. Versez sur le chocolat et laissez reposer une minute, puis remuez jusqu'à obtenir une sauce lisse.
8. Une fois les churros cuits, roulez-les encore chauds dans le mélange sucre-cannelle et servez-les avec la sauce au chocolat.

Ingrédients

Ingrédients pour les churros

- 250 ml d'eau
- 100 g de beurre
- 1/4 c. à c. de sel
- 2 c. à s. de sucre
- 150 g de farine
- 2 gros œufs
- 1/2 c. à c. d'extrait de vanille
- Sucre et cannelle en poudre, pour enrober
- Huile en spray

Ingrédients pour la sauce au chocolat

- 100 g de chocolat noir
- 150 ml de crème liquide
- 2 c. à s. de sucre glace

BEIGNETS DE MAÏS ET PIMENT

 Préparation
10 min

Cuisson
15 min

Portions
4

Ingrédients

- 200 g de farine
- 2 c. à. c. de levure chimique
- 1/2 c. à. c. de sel
- 2 c. à. s. de sucre
- 1 œuf, légèrement battu
- 100 ml de lait

- 200 g de grains de maïs en boîte, égouttés
- 1 piment rouge, finement haché
- 4 oignons nouveaux, finement hachés

Préparation

1. Dans un bol, mélange la farine, la levure chimique, le sel et le sucre.
2. Ajoute l'œuf et le lait aux ingrédients secs, en mélangeant pour obtenir une pâte homogène. Incorpore les grains de maïs, le piment haché et les oignons nouveaux, en remuant bien.
3. Vaporise les paniers du Ninja avec de l'huile en spray. Avec une cuillère, verse la pâte dans les paniers, formant de petits beignets. Ne les empile pas et laisse de l'espace entre chaque beignet pour une cuisson uniforme.
4. Sélectionne la fonction **AIR FRY**, règle la température à 180°C et le temps de cuisson à 15 minutes. Utilise le bouton MATCH pour dupliquer les réglages de cuisson sur la Zone 2. Appuie sur START/STOP et commence la cuisson.
5. Vérifie les beignets vers la fin du temps de cuisson pour t'assurer qu'ils sont dorés et croustillants à l'extérieur. Si nécessaire, ajoute quelques minutes.
6. Sers les beignets accompagnés de la sauce de ton choix ou de guacamole.

PANCAKES À L'AVOINE AVEC SIROP D'ÉRABLE

 Préparation
10 min

Cuisson
6 min

Portions
4

Ingrédients

- 200 g de farine d'avoine
- 2 c. à. c. de levure chimique
- 1/2 c. à. c. de sel
- 2 c. à. s. de sucre

- 300 ml de lait
- 1 gros œuf
- 1 c. à. c. d'extrait de vanille
- Huile en spray ou beurre pour graisser
- Sirop d'érable, pour servir
- 50 g de myrtilles

Préparation

1. Dans un grand bol, mélangez la farine d'avoine, la levure chimique, le sel et le sucre.
2. Dans un autre bol, battez l'œuf, le lait et l'extrait de vanille.
3. Incorporez les ingrédients liquides aux ingrédients secs, en remuant jusqu'à obtenir une pâte homogène. Vaporisez les deux paniers d'un peu d'huile.
4. Formez 4 disques d'environ 10 à 12 cm de diamètre, en plaçant 2 dans chaque panier.
5. Sélectionnez le mode "**BAKE**", réglez la température à 180 °C et le temps de cuisson à 6 minutes.
6. Utilisez le bouton "MATCH" pour dupliquer les réglages de la Zone 1 à la Zone 2, garantissant une cuisson uniforme des pancakes dans les deux zones.
7. Appuyez sur "START/STOP" pour lancer la cuisson.
8. Vérifiez les pancakes vers la fin du temps de cuisson ; ils doivent être dorés et moelleux au toucher. Si nécessaire, prolongez la cuisson de quelques minutes.
9. Une fois prêts, retirez les pancakes de la Ninja et servez-les chauds, accompagnés de sirop d'érable et de myrtilles.

TOASTS AUX ŒUFS BROUILLÉS

 **Préparation**
5 min

 Cuisson
8 min

 Portions
2

Préparation

1. Dans un bol, battez les œufs avec le lait, le sel et le poivre jusqu'à obtenir un mélange homogène. Réservez.
2. Vaporisez légèrement le panier de la Zone 1 avec de l'huile.
3. Beurrez un côté des tranches de pain et disposez-les dans le panier, le côté beurré tourné vers le haut.
4. Sélectionnez le mode **"BAKE"** pour la Zone 1, réglez la température à 180 °C et le temps de cuisson à 4 minutes. Appuyez sur "START/STOP" pour lancer la cuisson.
5. Pendant que le pain grille, chauffez une poêle antiadhésive sur la cuisinière à feu moyen et ajoutez une noix de beurre.
6. Versez le mélange d'œufs dans la poêle chaude et laissez cuire une minute avant de commencer à remuer délicatement avec une spatule. Continuez à cuire et à remuer jusqu'à ce que les œufs soient cuits mais encore moelleux et crémeux.
7. Une fois les toasts dorés, retirez-les de la friteuse et disposez-les sur les assiettes.
8. Répartissez uniformément les œufs brouillés sur les toasts et assaisonnez de sel et de poivre à votre convenance.

Ingrédients

- 4 gros œufs
- 4 tranches de pain
- 30 ml de lait
- Sel et poivre, au goût
- Beurre en quantité suffisante
- Huile en spray

CORDON BLEU DE POULET AUX COURGETTES

 **Préparation**
25 min

 Cuisson
30 min

 Portions
2

Préparation

1. Mélange les courgettes avec de l'huile et des herbes dans un bol, assaisonne selon le goût. Place la plaque antiadhésive dans la Zone 2 de la friteuse à air et dispose les courgettes.
2. Ouvre les blancs de poulet en portefeuille et aplatis-les jusqu'à une épaisseur d'environ un demi-centimètre. Pose une tranche de jambon et d'emmental dessus, puis roule en commençant par l'extrémité la plus fine.
3. Prépare trois bols : l'un avec de la farine, du sel et du poivre, un autre avec les œufs battus, et le dernier avec la chapelure. Passe les blancs de poulet d'abord dans la farine, ensuite dans les œufs, puis dans la chapelure. Répète l'étape œuf-chapelure une deuxième fois pour un enrobage plus épais.
4. Sélectionne la Zone 1, puis **AIR FRY**, règle la température à 190°C, puis utilise les flèches de gauche pour sélectionner "poulet". Programme le temps de cuisson à 30 minutes. Dans la Zone 2, choisis **AIR FRY**, règle la température à 190°C et programme le temps à 20 minutes. Sélectionne SYNC. Appuie sur START/STOP.
5. Pendant la cuisson, secoue les courgettes pour assurer une cuisson uniforme. Sers les cordons bleus chauds accompagnés des courgettes aromatisées.

Ingrédients

- 2 blancs de poulet (environ 180 g chacun)
- 3-4 c. à. c. d'huile d'olive
- 2 tranches de jambon cuit
- 100 g d'emmental, coupé en tranches
- 20 g de farine
- 2 œufs
- 100 g de chapelure dorée
- 3 courgettes, coupées en rondelles de 1 cm
- 2 c. à. c. d'herbes mélangées
- Sel et poivre au goût

QUICHE AU POULET ET AUX CHAMPIGNONS

 **Préparation**
20 min

 Cuisson
25 min

 Portions
4

Préparation

1. Dans une grande poêle, faites chauffer l'huile d'olive à feu moyen, puis ajoutez l'oignon et l'ail hachés. Incorporez les dés de poulet et faites-les cuire jusqu'à ce qu'ils soient dorés. Ajoutez les champignons et faites cuire encore 5 minutes.
2. Saupoudrez la farine sur le mélange poulet-champignons en remuant bien. Ajoutez progressivement le bouillon de volaille et la crème, et faites cuire jusqu'à ce que le mélange épaississe. Assaisonnez de sel et de poivre, puis laissez refroidir.
3. Étalez la pâte feuilletée et découpez-la pour l'adapter au panier. Couvrez la garniture avec une autre couche de pâte feuilletée, en scellant bien les bords. Pratiquez quelques incisions sur la surface pour permettre à la vapeur de s'échapper, puis badigeonnez d'œuf battu.
4. Sélectionnez "**BAKE**", réglez la température à 180 °C et le temps à 25 minutes. Placez le panier dans la Zone 1 et appuyez sur START/STOP pour lancer la cuisson.
5. Une fois cuite, sortez la quiche de la friteuse et laissez-la reposer quelques minutes avant de la couper et de la servir.

Ingrédients

- 1 rouleau de pâte feuilletée
- 300 g de blanc de poulet, coupé en dés
- 200 g de champignons de Paris, tranchés
- 1 oignon moyen, finement haché
- 2 gousses d'ail, hachées
- 200 ml de bouillon de volaille
- 100 ml de crème fraîche
- 1 c. à. s. d'huile d'olive
- 1 c. à. s. de farine
- Sel et poivre, au goût
- 1 œuf battu pour badigeonner

CUISSE DE DINDE À LA MOUTARDE

 Préparation
10 min

Cuisson
1h 10 min

Portions
6

Ingrédients

- 1,5 kg de cuisse de dinde
- 2 c. à. s. de moutarde de Dijon
- 2 c. à. s. de miel
- 2 c. à. s. d'huile d'olive
- 1 c. à. c. de thym séché
- 1 c. à. c. de romarin séché

- Sel et poivre au goût
- 3 gousses d'ail, écrasées
- 100 ml de bouillon de volaille

Préparation

1. Dans un bol, mélange la moutarde de Dijon, le miel, l'huile d'olive, le thym, le romarin, le sel et le poivre pour préparer la marinade.
2. Frotte la cuisse de dinde avec la marinade, en veillant à la recouvrir uniformément. Laisse reposer au moins 30 minutes pour intensifier les saveurs.
3. Place la cuisse de dinde dans le tiroir FlexDrawer de la Ninja.
4. Verse le bouillon de volaille au fond du panier pour conserver l'humidité pendant la cuisson.
5. Sélectionne la fonction "**ROAST**", règle sur "MEGAZONE", avec la température à 180 °C et le temps de cuisson à 1h10.
6. Appuie sur START/STOP pour lancer la cuisson.
7. Pendant la dernière partie de la cuisson, vérifie la dinde de temps en temps pour éviter qu'elle ne sèche, en ajoutant un peu plus de bouillon si nécessaire.
8. Une fois cuite, laisse reposer la dinde environ 10 minutes avant de la servir.

ESCALOPES DE DINDE PANÉES À L'AIR

 Préparation
15 min

Cuisson
15 min

Portions
2

Ingrédients

- 2 escalopes de dinde (environ 200 g chacune)
- 50 g de farine
- 1 œuf, battu

- 100 g de chapelure
- 2 c. à s. d'huile d'olive
- Sel, au goût
- Tranches de citron et persil pour garnir

Préparation

1. Préparez trois assiettes pour le panage : une avec la farine, une avec l'œuf battu et une avec la chapelure.
2. Assaisonnez les escalopes de dinde avec une pincée de sel.
3. Passez chaque escalope d'abord dans la farine, ensuite dans l'œuf battu, et enfin dans la chapelure, en appuyant bien pour que la chapelure adhère uniformément.
4. Placez une escalope dans le panier de la Zone 1 et l'autre dans le panier de la Zone 2 de votre Ninja Dual Zone.
5. Sélectionnez la fonction "**AIR FRY**", réglez la température à 180 °C et le temps de cuisson à 15 minutes.
6. Appuyez sur le bouton MATCH pour copier les paramètres de la Zone 1 à la Zone 2, puis sur START/STOP pour démarrer la cuisson.
7. À mi-cuisson, retournez délicatement les escalopes pour garantir une dorure uniforme des deux côtés.
8. Servez les escalopes chaudes, garnies de tranches de citron et de persil frais.

SUPRÊMES DE VOLAILLE AUX CHAMPIGNONS

 **Préparation**
25 min

 Cuisson
35 min

 Portions
6-8

Préparation

1. Chauffez l'huile d'olive dans une grande poêle et dorez les morceaux de poulet de tous les côtés. Retirez-les et réservez.
2. Dans la même poêle, ajoutez l'oignon et l'ail et faites revenir jusqu'à ce qu'ils deviennent translucides.
3. Ajoutez les champignons et faites-les cuire jusqu'à ce qu'ils libèrent leur liquide et commencent à dorer.
4. Saupoudrez de farine et mélangez bien, en laissant cuire la farine une minute.
5. Déglacez avec le vin blanc et laissez réduire légèrement. Ajoutez le bouillon de volaille et la crème, portez à ébullition puis réduisez le feu.
6. Réintroduisez les morceaux de poulet dans la poêle, couvrez et laissez mijoter doucement jusqu'à ce que le poulet soit bien cuit, environ 25 minutes.
7. Transférez le contenu de la poêle dans un plat compatible avec la Ninja. Réglez la Ninja sur "MEGAZONE" et sélectionnez la fonction "**BAKE**".
8. Réglez la température à 160 °C et le temps de cuisson à 10 minutes. Appuyez sur START/STOP pour lancer la cuisson.
9. À la fin, ajustez le sel et le poivre, puis saupoudrez de ciboulette hachée avant de servir.

Ingrédients

- 1 kg de filets de poulet, coupés en morceaux
- 300 g de champignons de Paris, tranchés
- 1 gros oignon, haché
- 2 gousses d'ail, hachées
- 200 ml de crème fraîche
- 150 ml de bouillon de volaille
- 100 ml de vin blanc
- 1 c. à. s. de farine
- 2 c. à. s. d'huile d'olive
- 1 c. à. s. de ciboulette hachée
- Sel et poivre noir, au goût

POULET PROVENÇAL AUX TOMATES ET OLIVES

 Préparation
20 min

Cuisson
50 min

Portions
6

Ingrédients

- 1,5 kg de cuisses de poulet
- 400 g de tomates mûres, coupées en morceaux
- 150 g d'olives noires, dénoyautées
- 2 oignons moyens, émincés
- 4 gousses d'ail, hachées
- 2 branches de romarin frais

- 2 branches de thym frais
- 100 ml de vin blanc
- 50 ml d'huile d'olive extra vierge
- Sel et poivre noir, au goût

Préparation

1. Préparez les légumes : coupez les tomates, émincez les oignons, hachez l'ail et dénoyautez les olives.
2. Assaisonnez les cuisses de poulet dans un grand bol avec du sel, du poivre et un filet d'huile.
3. Placez les cuisses de poulet en une seule couche dans le tiroir de la Ninja, après avoir retiré le séparateur.
4. Répartissez autour du poulet les tomates, oignons, ail, olives, romarin et thym.
5. Versez le vin blanc et l'huile d'olive extra vierge sur les ingrédients.
6. Réglez la Ninja sur "MEGAZONE", choisissez la fonction "**BAKE**" et une température de 180 °C.
7. Réglez le minuteur à 50 minutes et appuyez sur START/STOP pour démarrer la cuisson.
8. À mi-cuisson, retournez délicatement les cuisses de poulet pour garantir une dorure uniforme des deux côtés.
9. Laissez reposer le poulet pendant 5 à 10 minutes après la cuisson avant de servir.

CUISSES DE POULET RÔTIES AVEC POMMES DE TERRE

 Préparation
15 min

 Cuisson
45 min

Portions
4

Ingrédients

- 4 cuisses de poulet (environ 800 g)
- 600 g de pommes de terre, épluchées et coupées en dés
- 3 c. à. s. d'huile d'olive

- 1 c. à. s. d'herbes de Provence
- Sel et poivre au goût
- 4 gousses d'ail, écrasées
- 1 branche de romarin frais

Préparation

1. Dans un grand bol, mélange les cuisses de poulet avec 2 c. à. s. d'huile d'olive, les herbes de Provence, du sel et du poivre. Assure-toi que le poulet est bien assaisonné.
2. Dans un autre bol, assaisonne les pommes de terre avec 1 c. à. s. d'huile d'olive, du sel, du poivre et l'ail écrasé.
3. Enduis légèrement les deux paniers d'huile en spray. Place les cuisses de poulet dans le panier de la Zone 1 et les pommes de terre dans celui de la Zone 2.
4. Sélectionne la fonction "**ROAST**" pour la Zone 1, règle la température à 190 °C et le temps de cuisson à 45 minutes.
5. Sélectionne la fonction "**AIR FRY**" pour la Zone 2 pour rendre les pommes de terre plus croustillantes, règle la température à 200 °C et le temps de cuisson à 35 minutes.
6. Appuie sur le bouton SYNC pour que les deux zones terminent la cuisson en même temps, puis lance la cuisson avec START/STOP.
7. À mi-cuisson, retourne délicatement les cuisses de poulet et remue les pommes de terre pour assurer une cuisson uniforme.
8. À la fin de la cuisson, laisse reposer le poulet et les pommes de terre quelques minutes avant de servir.

POULET RÔTI AVEC POMMES DE TERRE RÔTIES ET LÉGUMES

 Préparation 15 min   **Cuisson** 45 min   **Portions** 4

Ingrédients

- 1 poulet entier (environ 1–1,5 kg)
- 500 g de pommes de terre, épluchées et coupées en dés
- 300 g de carottes, courgettes, poivrons, coupés en morceaux
- 2 c. à. s. d'huile d'olive
- Sel et poivre, au goût
- Herbes aromatiques hachées

Préparation

1. Frottez le poulet avec la moitié de l'huile d'olive et assaisonnez de sel, de poivre et de la moitié des herbes aromatiques. Placez-le dans la Zone 1.
2. Dans un bol, mélangez les pommes de terre et les légumes avec le reste de l'huile d'olive, du sel, du poivre et le reste des herbes aromatiques jusqu'à ce qu'ils soient bien assaisonnés. Disposez les pommes de terre et les légumes dans le panier de la Zone 2.
3. Sélectionnez le mode "**ROAST**" dans la Zone 1, réglez la température à 190 °C et le temps de cuisson à environ 45 minutes.
4. Dans la Zone 2, sélectionnez "**ROAST**", réglez la température à 190 °C et appuyez sur le bouton SYNC. Lancez la cuisson avec START/STOP.
5. Vérifiez la cuisson du poulet en insérant un thermomètre de cuisine dans la partie la plus épaisse ; il doit atteindre une température interne de 75 °C.
6. Les légumes et les pommes de terre doivent être tendres et légèrement dorés.
7. Laissez reposer le poulet quelques minutes avant de le découper, puis servez-le avec les pommes de terre rôties et les légumes.

POULET CACCIATORE AU PAIN CROUSTILLANT

 Préparation 15 min   **Cuisson** 40 min   **Portions** 4

Ingrédients

- 4 cuisses de poulet
- 2 c. à. s. d'huile d'olive
- 1 oignon moyen, haché
- 2 gousses d'ail, hachées
- 1 poivron rouge, coupé en lamelles
- 200 g de tomates pelées, hachées
- 100 ml de vin rouge
- 100 ml de bouillon de volaille
- 1 c. à. c. de mélange d'herbes (thym, romarin, origan)
- Sel et poivre noir, au goût
- 1 baguette, tranchée

Préparation

1. Frottez les cuisses de poulet avec du sel, du poivre et un filet d'huile d'olive. Placez-les dans le panier de la Zone 1. Ajoutez l'oignon, l'ail, le poivron, les tomates, le vin, le bouillon et les herbes.
2. Sélectionnez le mode "**ROAST**" à 180 °C et réglez le minuteur sur 40 minutes.
3. Badigeonnez les tranches de baguette d'huile d'olive et placez-les dans la Zone 2.
4. Dans la Zone 2, sélectionnez le mode "**BAKE**" à 180 °C pendant 8 minutes. Appuyez sur SYNC et démarrez la cuisson avec START/STOP.
5. Servez le poulet cacciatore bien chaud, accompagné du pain croustillant pour absorber la délicieuse sauce.

CAESAR SALAD

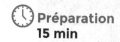 **Préparation** 15 min   **Cuisson** 20 min   **Portions** 4

Ingrédients

- 4 filets de poulet sans peau
- 1 c. à. c. d'huile d'olive
- Sel et poivre, au goût
- 1 tête de laitue romaine, lavée et
- déchirée en morceaux
- 100 g de croûtons
- Parmesan râpé ou en copeaux
- Sauce César à l'ail

Préparation

1. Frottez les filets de poulet avec l'huile d'olive et assaisonnez-les de sel et de poivre. Placez-les dans le panier de la Zone 1.
2. Sélectionnez le mode "**AIR FRY**" à 180 °C pendant environ 20 minutes, jusqu'à ce que le poulet soit doré à l'extérieur et complètement cuit à l'intérieur. Appuyez sur START/STOP pour commencer la cuisson.
3. Pendant que le poulet cuit, préparez la salade en disposant la laitue romaine dans un grand bol. Ajoutez les croûtons et le parmesan.
4. Une fois le poulet cuit, laissez-le reposer quelques minutes, puis coupez-le en tranches.
5. Disposez les tranches de poulet sur la salade et arrosez de sauce César, ajoutez des copeaux de parmesan et du poivre. Mélangez bien et servez.

AILES DE POULET BUFFALO AVEC CÉLERI ET CAROTTES

 **Préparation** 10 min   **Cuisson** 25 min   **Portions** 4

Ingrédients

- 12 ailes de poulet
- Sel et poivre, au goût
- 1 c. à. s. d'huile d'olive
- 100 ml de sauce Buffalo
- 4 carottes, coupées en bâtonnets
- 4 branches de céleri, coupées en bâtonnets
- 1 c. à. s. d'huile d'olive
- Sauce Ranch ou au fromage bleu pour tremper
- Tranches de citron

Préparation

1. Assaisonnez les ailes de poulet de sel et de poivre, puis massez-les avec l'huile d'olive. Placez-les dans le panier de la Zone 1.
2. Mélangez les bâtonnets de céleri et de carottes avec de l'huile d'olive, du sel et du poivre.
3. Sélectionnez le mode "**AIR FRY**" pour le poulet dans la Zone 1, en réglant la température à 190 °C et le temps à 25 minutes.
4. Réglez le mode "**ROAST**" pour les légumes dans la Zone 2, à 180 °C pendant environ 10 minutes.
5. Activez la fonction SYNC pour que les ailes de poulet soient prêtes en même temps que les légumes. Appuyez sur START/STOP pour lancer la cuisson.
6. Une fois les ailes et les légumes cuits, mélangez-les avec la sauce Buffalo.
7. Servez les ailes de poulet chaudes avec le céleri et les carottes, accompagnées de sauce Ranch ou au fromage bleu.

BURGERS DE DINDE AVEC FRITES DE PATATES DOUCES

 Préparation 15 min

Cuisson 20 min

Portions 4

Ingrédients

- 4 burgers de dinde
- Sel et poivre, au goût
- 4 pains à hamburger
- Condiments au choix : laitue, tomate,

- oignon, sauces
- 500 g de frites de patates douces surgelées

Préparation

1. Assaisonnez les burgers de dinde avec du sel et du poivre, puis placez-les dans le panier de la Zone 1. Sélectionnez le mode **AIR FRY**, réglez la température à 180°C et le minuteur à 20 minutes.
2. Vaporisez un peu d'huile dans le panier de la Zone 2, puis ajoutez les frites de patates douces surgelées.
3. Sélectionnez le mode **MAX CRISP** pour les frites surgelées dans la Zone 2, à 240°C pendant 15 minutes. Activez la fonction SYNC pour que les deux zones soient prêtes en même temps. Appuyez sur START/STOP pour lancer la cuisson.
4. Pendant la cuisson, préparez les pains à hamburger avec les condiments désirés (vous pouvez choisir de les chauffer pendant 3 minutes en mode BAKE à 180°C).
5. Une fois les burgers et les frites prêts, assemblez les hamburgers en les plaçant dans les pains préparés et servez-les avec les frites de patates douces croustillantes.

PILONS DE POULET GLACÉS

 **Préparation** 10 min

Cuisson 25-30 min

Portions 8

Ingrédients

- 16 pilons de poulet
- 2 c. à. s. d'huile d'olive
- Sel et poivre, au goût
- 100 ml de miel
- 50 ml de sauce soja
- 2 gousses d'ail,

- finement hachées
- 1 c. à. s. de vinaigre de riz ou de cidre
- 1 c. à. c. de gingembre frais râpé
- Graines de sésame et ciboulette pour garnir

Préparation

1. Mélangez le miel, la sauce soja, l'ail, le vinaigre et le gingembre dans un grand bol pour faire la marinade.
2. Ajoutez les pilons de poulet et assurez-vous qu'ils soient bien enrobés. Laissez-les mariner au réfrigérateur pendant au moins 40 à 50 minutes.
3. Sortez les pilons de la marinade. Badigeonnez les paniers des deux zones avec un peu d'huile d'olive. Placez 8 pilons dans chaque zone, en évitant qu'ils se chevauchent.
4. Sélectionnez le mode **AIR FRY** et réglez la température à 180°C avec un minuteur de 25 minutes.
5. Appuyez sur MATCH pour copier les réglages de cuisson dans la Zone 2, puis sur START/STOP pour démarrer.
6. À mi-cuisson, retournez les pilons pour les dorer uniformément.
7. Une fois cuits, disposez les pilons dans une assiette et garnissez-les de graines de sésame et de ciboulette.

POITRINES DE POULET GRILLÉES

 **Préparation**
10 min

Cuisson
20-25 min

Portions
8

Ingrédients

- 8 poitrines de poulet, sans peau et sans os
- 2 c. à. s. d'huile d'olive
- Sel et poivre noir, au goût
- Herbes aromatiques (romarin, thym, origan), finement hachées
- Jus d'un citron

Préparation

1. Assaisonnez les poitrines de poulet avec du sel, du poivre, des herbes et du jus de citron, puis laissez-les mariner quelques minutes. Badigeonnez-les d'huile d'olive.
2. Placez la moitié des poitrines dans le panier de la Zone 1 et l'autre moitié dans celui de la Zone 2. Sélectionnez le mode **ROAST** à 180°C et réglez le minuteur sur 25 minutes.
3. Appuyez sur MATCH pour copier les paramètres de la Zone 1 dans la Zone 2.
4. Faites cuire pendant 20 à 25 minutes, ou jusqu'à ce que la température interne des poitrines atteigne 75°C. Retournez-les à mi-cuisson pour une dorure uniforme.
5. Une fois les poitrines cuites, laissez-les reposer quelques minutes avant de les trancher.

POULET FRIT CLASSIQUE

 Préparation
15 min

Cuisson
30 min

Portions
2

Ingrédients

- 4 pilons ou hauts de cuisse de poulet, avec peau et os
- 240 ml de babeurre
- 1 c. à. c. de paprika fumé
- 1 c. à. c. d'ail en poudre
- 1 c. à. c. d'oignon en poudre
- 1 c. à. c. de sel
- 1/2 c. à. c. de poivre noir
- 200 g de farine de blé
- Spray d'huile de cuisson

Préparation

1. Dans un bol, mélangez le babeurre avec la moitié des épices (paprika, ail en poudre, oignon en poudre, sel et poivre). Immergez les pilons de poulet dans ce mélange et laissez mariner au réfrigérateur pendant au moins une heure.
2. Dans un autre bol, mélangez la farine avec le reste des épices. Retirez le poulet de la marinade et enrobez-le de farine assaisonnée jusqu'à ce qu'il soit complètement couvert.
3. Vaporisez le panier de la Zone 1 avec de l'huile. Placez les pilons panés dans le panier sans les superposer. Sélectionnez le mode **AIR FRY** et réglez la température à 180°C. Appuyez sur START/STOP pour commencer la cuisson.
4. Faites cuire le poulet pendant 25 à 30 minutes, en le retournant à mi-cuisson pour une dorure uniforme.
5. Laissez reposer le poulet quelques minutes avant de le servir.

BURGER DE POULET

 Préparation
15 min

Cuisson
20 min

Portions
4

Ingrédients

- 4 galettes de poulet
- Sel et poivre noir, au goût
- 4 pains à hamburger
- 4 feuilles de laitue
- 1 gros tomate, en tranches
- Mayonnaise ou sauce de votre choix
- 8 tranches de bacon

Préparation

1. Assaisonnez les galettes de poulet avec du sel et du poivre, puis placez-les dans le panier de la Zone 1.
2. Sélectionnez le mode **AIR FRY** pour la Zone 1, réglez la température à 180°C et le temps de cuisson à 20 minutes.
3. Placez le bacon dans le panier de la Zone 2, sélectionnez **AIR FRY**, réglez la température à 200°C et le temps à 10 minutes.
4. Activez la fonction SYNC et appuyez sur START/STOP pour commencer la cuisson.
5. À 3 minutes de la fin, ouvrez la friteuse et placez les pains dans la Zone 2 avec le bacon, coupés en deux et la face coupée vers le bas, pour les griller légèrement.
6. Une fois cuits, assemblez les burgers. Étalez de la mayonnaise ou la sauce de votre choix sur la base de chaque pain. Ajoutez une feuille de laitue, une tranche de tomate, la galette de poulet et deux tranches de bacon. Refermez avec le chapeau du pain et servez.

AILES DE POULET AU MIEL ET À LA MOUTARDE

Préparation
10 min

Cuisson
20-25 min

Portions
2

Ingrédients

- 6 ailes de poulet (environ 500 g)
- Sel et poivre noir, au goût
- 2 c. à. s. d'huile d'olive (30 ml)
- 60 ml de miel
- 30 ml de moutarde de Dijon
- 5 ml de vinaigre de cidre
- 5 g d'ail en poudre
- 5 g de paprika

Préparation

1. Dans un bol, assaisonnez les ailes de poulet avec du sel, du poivre et de l'huile d'olive, en les enrobant uniformément.
2. Dans un autre bol, mélangez le miel, la moutarde de Dijon, le vinaigre de cidre, l'ail en poudre et le paprika.
3. Trempez les ailes de poulet dans la marinade, en les recouvrant entièrement. Laissez reposer pendant au moins 10 minutes.
4. Placez les ailes de poulet marinées dans le panier de la friteuse à air de la Zone 1, en veillant à ne pas les superposer.
5. Sélectionnez le mode **AIR FRY** et réglez la température à 190°C. Appuyez sur START/STOP et commencez la cuisson pendant 20-25 minutes.
6. Retournez les ailes à mi-cuisson pour assurer une dorure uniforme.
7. Une fois les ailes de poulet dorées et croustillantes, transférez-les sur un plat de service et servez.

CHICKEN TIKKA MASALA AU RIZ BASMATI

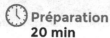 **Préparation**
20 min

 Cuisson
20 min

 Portions
4

Préparation

1. Dans un bol, mélangez le poulet avec le yaourt, les épices tikka masala et le sel. Laissez mariner au moins 1 heure au réfrigérateur.
2. Dans le panier de la Zone 1 de la Ninja, mélangez le riz basmati, l'eau et le sel. Sélectionnez la fonction **"BAKE"** et réglez la température à 180 °C pendant 18–20 minutes.
3. Vaporisez le panier de la Zone 2 avec de l'huile. Ajoutez l'oignon, l'ail, le gingembre et le poulet mariné. Sélectionnez la fonction "ROAST" pour le poulet, réglez la température à 180 °C et le minuteur à 20 minutes. Appuyez sur SYNC et démarrez la cuisson avec START/STOP.
4. Après 10 minutes, retirez le panier de la Zone 2 et ajoutez les tomates pelées. Poursuivez la cuisson pendant 10 minutes supplémentaires. Ajoutez la crème pendant la dernière minute de cuisson.
5. Lorsque le poulet est cuit et que le riz est tendre, servez le Chicken Tikka Masala avec le riz basmati chaud. Garnissez avec des herbes fraîches selon votre goût.

Ingrédients

Ingrédients pour le poulet :

- 500 g de blanc de poulet, coupé en dés
- 200 ml de yaourt nature
- 2 c. à. s. d'épices tikka masala
- 1 gros oignon, finement haché
- 2 gousses d'ail, hachées
- 20 g de gingembre frais râpé
- 400 g de tomates pelées en conserve, écrasées
- 100 ml de crème fraîche
- Sel, au goût
- Huile de cuisson en spray

Ingrédients pour le riz :

- 300 g de riz basmati, lavé et égoutté
- 600 ml d'eau
- 1 c. à. c. de sel

BŒUF BOURGUIGNON

 **Préparation**
30 min

Cuisson
2h 30 min

 **Portions**
6

Préparation

1. Dans une grande poêle, chauffez un peu d'huile et faites dorer les lardons jusqu'à ce qu'ils deviennent croustillants. Retirez-les et réservez.
2. Dans la même poêle, ajoutez le beurre et faites dorer les cubes de bœuf à feu vif jusqu'à ce qu'ils soient bien dorés.
3. Retirez la viande et ajoutez les oignons et l'ail dans la même poêle. Faites cuire jusqu'à ce qu'ils soient tendres. Ajoutez les carottes et faites cuire encore 5 minutes. Saupoudrez de farine et mélangez bien.
4. Déglacez avec le vin rouge. Ajoutez le bouillon de bœuf, le concentré de tomate, les feuilles de laurier, le thym, la viande et les lardons.
5. Retirez le séparateur de la Ninja et transférez le contenu dans la Megazone.
6. Sélectionnez la fonction "**ROAST**", réglez la température à 160°C et le temps de cuisson à 2 heures 30 minutes.
7. Configurez la Ninja sur "MEGAZONE" et appuyez sur START/STOP pour commencer la cuisson.
8. À mi-cuisson, ajoutez les champignons et continuez la cuisson.
9. À la fin de la cuisson, retirez les herbes aromatiques et ajustez l'assaisonnement en sel et poivre. Servez le bœuf bourguignon chaud, garni de persil frais haché.

Ingrédients

- 1 kg de viande de bœuf pour ragoût, coupée en cubes
- 200 g de lardons
- 400 g de champignons de Paris, tranchés
- 3 carottes moyennes, coupées en rondelles
- 2 oignons moyens, hachés
- 3 gousses d'ail, émincées
- 750 ml de vin rouge de Bourgogne
- 300 ml de bouillon de bœuf
- 2 c. à. s. de concentré de tomate
- 2 feuilles de laurier
- 1 branche de thym frais
- 30 g de beurre
- 2 c. à. s. de farine
- Huile d'olive
- Sel et poivre, au goût
- Persil frais haché, pour garnir

CARRÉ D'AGNEAU À LA PROVENÇALE

 Préparation
20 min

Cuisson
40 min

Portions
6-8

Ingrédients

- 2 carrés d'agneau (environ 1,5 kg au total)
- 100 g de chapelure
- 4 gousses d'ail, hachées
- 2 c. à. s. d'herbes de Provence
- 50 ml d'huile d'olive

- 100 g de beurre mou
- 2 branches de romarin frais
- 2 branches de thym frais
- Sel et poivre noir, au goût

Préparation

1. Nettoyez les carrés d'agneau en enlevant les membranes et l'excès de graisse pour assurer une cuisson uniforme.
2. Dans un bol, mélangez la chapelure, l'ail haché, les herbes de Provence, le sel, le poivre et l'huile d'olive pour créer une pâte.
3. Frottez ce mélange uniformément sur le dessus des carrés d'agneau.
4. Placez les carrés dans la Megazone de la Ninja, en disposant les branches de romarin et de thym autour de la viande. Étalez le beurre mou sur la chapelure.
5. Sélectionnez le mode "**ROAST**", réglez la température à 200°C et le temps de cuisson à 40 minutes.
6. Sélectionnez "MEGAZONE" et appuyez sur START/STOP pour commencer la cuisson.
7. Une fois cuits, couvrez les carrés d'agneau avec une feuille d'aluminium et laissez reposer 10 minutes avant de les trancher et de servir.

TOURNEDOS ROSSINI

 Préparation
15 min

 Cuisson
10 min

Portions
4

Ingrédients

- 4 tournedos de filet de bœuf (environ 180 g chacun)
- 4 tranches fines de foie gras
- 4 tranches de pain, découpées en rond et

- grillées
- 60 ml de Madère ou autre vin rouge doux
- 1 c. à. s. de beurre
- Huile d'olive
- Sel et poivre, au goût

Préparation

1. Assaisonnez les tournedos de sel et de poivre des deux côtés.
2. Dans la Zone 1 de la Ninja Dual Zone, sélectionnez la fonction "**ROAST**" et réglez la température à 200°C.
3. Ajoutez un filet d'huile d'olive dans le panier et disposez les tournedos. Préchauffer la Ninja n'est pas nécessaire.
4. Réglez la minuterie à 10 minutes pour une cuisson à point et appuyez sur START/STOP. Faites cuire les tournedos pendant environ 5 minutes de chaque côté.
5. Pendant ce temps, faites fondre le beurre dans une poêle et cuisez les tranches de foie gras environ 1 minute de chaque côté, jusqu'à ce qu'elles soient légèrement dorées.
6. Retirez les tournedos de la Ninja et placez une tranche de pain grillé sur chaque assiette. Déposez un tournedos sur le pain et ajoutez une tranche de foie gras par-dessus.
7. Déglacez la poêle du foie gras avec le Madère, laissez réduire légèrement et versez le jus obtenu sur les tournedos.
8. Servez immédiatement.

RÔTI DE BŒUF AUX POMMES DE TERRE

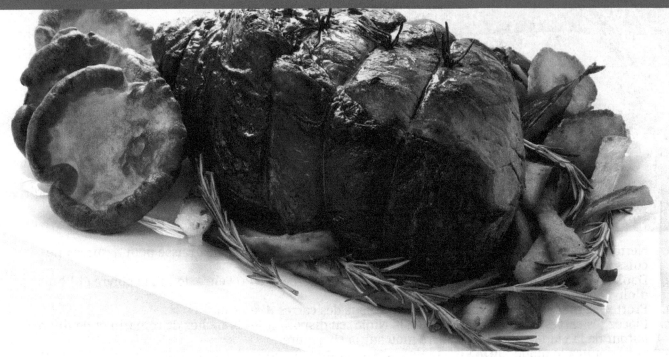

 **Préparation**
15 min

 Cuisson
25 min

 Portions
4

Préparation

1. Massez le contre-filet avec l'huile d'olive, le sel et le poivre.
2. Dans un bol, mélangez les pommes de terre avec de l'huile et du romarin. Salez et poivrez.
3. Placez le contre-filet sur la plaque antiadhésive dans la Zone 1 de la Ninja. Insérez la sonde thermique dans la partie la plus épaisse de la viande, en vous assurant que le câble est bien placé et connecté à l'écran de l'appareil.
4. Disposez les pommes de terre assaisonnées sur la plaque dans la Zone 2.
5. Sélectionnez la Zone 1, puis **"ROAST"**, et réglez la température à 190 °C. Utilisez les flèches de gauche pour choisir le type de viande (bœuf) et celles de droite pour le résultat souhaité. Sélectionnez la Zone 2, puis **"ROAST"**, réglez la température à 190 °C et le temps à 30 minutes. Choisissez "SYNC". Appuyez sur START/STOP.
6. Pendant la cuisson, vérifiez et tournez les pommes de terre de temps en temps pour assurer une dorure uniforme.
7. Une fois la cuisson terminée, laissez le rôti de bœuf reposer quelques minutes avant de le trancher et de le servir avec les pommes de terre.

Ingrédients

- 1,3 kg de contre-filet de bœuf
- 1 c. à s. d'huile d'olive
- Sel et poivre, au goût
- 800 g de pommes de terre nouvelles, coupées en deux
- 2 c. à s. d'huile d'olive
- Romarin frais
- Sel et poivre, au goût

PORC RÔTI AUX HERBES ET À L'AIL

 Préparation
15 min

Cuisson
1h 30min

Portions
6-8

Ingrédients

- 2 kg de rôti de porc (épaule ou longe)
- 6 gousses d'ail, écrasées
- 2 c. à. s. d'herbes fraîches hachées
- (romarin, thym, sauge)
- 4 c. à. s. d'huile d'olive
- Sel et poivre, au goût

Préparation

1. Séchez bien le rôti de porc avec du papier absorbant.
2. Dans un petit bol, mélangez l'huile d'olive, l'ail écrasé et les herbes fraîches hachées.
3. Étalez ce mélange sur tout le rôti de porc, en veillant à bien l'enrober d'une couche généreuse d'assaisonnement. Salez et poivrez à votre goût.
4. Placez le rôti dans la Megazone de la Ninja après avoir retiré le séparateur.
5. Sélectionnez la fonction "**ROAST**", réglez la température à 160 °C et le temps de cuisson à 1h30, pour une cuisson uniforme qui laisse la viande juteuse à l'intérieur et croustillante à l'extérieur.
6. Réglez la Ninja en mode "MEGAZONE" et appuyez sur START/STOP pour lancer la cuisson.
7. Pendant la cuisson, tournez le rôti à mi-parcours pour assurer un brunissement uniforme de tous les côtés.
8. Une fois cuit, laissez le rôti de porc reposer pendant au moins 10 minutes avant de le trancher, pour permettre aux jus de se répartir uniformément dans la viande.

CÔTELETTES DE PORC PANÉES

 Préparation
15 min

Cuisson
20 min

Portions
2

Ingrédients

- 2 côtelettes de porc (environ 200 g chacune)
- 100 g de farine
- 2 œufs, battus
- 150 g de chapelure
- Sel et poivre, au goût
- Huile d'olive pour badigeonner

Préparation

1. Préparez trois assiettes : l'une avec la farine, l'autre avec les œufs battus et du sel, et la troisième avec la chapelure.
2. Assaisonnez les côtelettes de porc avec du sel et du poivre.
3. Passez chaque côtelette d'abord dans la farine, puis dans l'œuf, et enfin dans la chapelure, en veillant à ce que cette dernière adhère bien.
4. Badigeonnez légèrement les côtelettes avec de l'huile d'olive.
5. Placez une côtelette dans le panier de la Zone 1 et l'autre dans le panier de la Zone 2 de votre Ninja.
6. Sélectionnez la fonction "**AIR FRY**", réglez la température à 190 °C et le temps de cuisson à 20 minutes.
7. Appuyez sur le bouton "MATCH" pour reproduire les réglages de la Zone 1 dans la Zone 2 et démarrez la cuisson en appuyant sur START/STOP.
8. À mi-cuisson, tournez délicatement les côtelettes pour les dorer uniformément des deux côtés.
9. Servez-les chaudes, accompagnées d'une salade fraîche ou de légumes cuits à la vapeur.

MINI BŒUF WELLINGTON

 Préparation
30 min

Cuisson
25 min

Portions
2

Ingrédients

- 2 filets de bœuf, environ 300 g chacun
- Sel et poivre noir, au goût
- 30 ml d'huile d'olive
- 150 g de champignons de Paris, finement hachés
- 50 ml de moutarde de Dijon

- 8 tranches de jambon cru
- 1 rouleau de pâte feuilletée prête à l'emploi (environ 250 g)
- 2 œufs battus, pour badigeonner

Préparation

1. Assaisonnez les filets de bœuf avec du sel et du poivre. Chauffez 1 c. à s. d'huile d'olive dans une poêle et saisissez les filets de chaque côté pendant environ 1-2 minutes. Laissez refroidir, puis badigeonnez chaque filet avec la moutarde de Dijon.
2. Dans la même poêle, ajoutez le reste de l'huile et les champignons hachés. Faites-les cuire jusqu'à ce qu'ils soient dorés et que tout le liquide se soit évaporé. Laissez refroidir.
3. Déroulez la pâte feuilletée et coupez-la en deux parties. Sur chaque morceau, disposez 4 tranches de jambon cru, répartissez les champignons, puis placez un filet de bœuf au centre. Enveloppez le filet avec la pâte feuilletée, en scellant les bords. Badigeonnez avec l'œuf battu.
4. Placez un Bœuf Wellington dans la Zone 1 et un autre dans la Zone 2.
5. Sélectionnez le mode "**BAKE**", réglez la température à 200 °C et le temps à 25 minutes. Utilisez la fonction MATCH pour copier les paramètres de cuisson de la Zone 1 à la Zone 2.
6. Laissez les Mini Bœuf Wellington reposer quelques minutes avant de les servir.

VIANDES GRILLÉES ASSORTIES

Préparation
15 min

Cuisson
15-20 min

Portions
4

Ingrédients

- 4 petits steaks de bœuf
- 4 saucisses mixtes de porc
- 4 côtelettes d'agneau
- Huile d'olive, pour badigeonner

- Gros sel et poivre noir, à volonté
- Herbes aromatiques pour garnir (romarin, thym)

Préparation

1. Laissez les viandes revenir à température ambiante pendant environ 15 minutes avant la cuisson et assaisonnez de sel et poivre. Badigeonnez légèrement d'huile d'olive.
2. Placez les steaks de bœuf dans la Zone 1 de la NINJA. Sélectionnez le mode **ROAST** à 200 °C et réglez le minuteur sur 9 minutes pour une cuisson saignante.
3. Placez les saucisses et les côtelettes d'agneau dans la Zone 2 : utilisez également le mode **ROAST** à 200 °C. Les saucisses et les côtelettes d'agneau nécessitent des temps similaires, elles peuvent donc être cuites ensemble. Réglez le minuteur sur 15 minutes, sélectionnez SYNC et lancez la cuisson avec START/STOP.
4. À mi-cuisson, retournez les steaks de bœuf, les saucisses et les côtelettes pour assurer une cuisson uniforme.
5. Une fois prêtes, laissez reposer les viandes quelques minutes avant de servir. Disposez les viandes sur un grand plat, garnissez d'herbes aromatiques fraîches et servez.

BIFTECK AU POIVRE AVEC CHAMPIGNONS

 Préparation
15 min

Cuisson
20 min

Portions
2

Ingrédients

- 2 biftecks de bœuf (environ 200 g chacun)
- 15 g de grains de poivre noir, écrasés
- 250 g de champignons de Paris, tranchés
- 2 gousses d'ail, finement hachées
- 1 c. à s. de persil frais haché
- 2 c. à s. d'huile d'olive
- Sel, au goût

Préparation

1. Pressez les grains de poivre sur les deux côtés des biftecks, et ajoutez du sel selon votre goût. Badigeonnez chaque bifteck d'un peu d'huile d'olive.
2. Dans un bol, mélangez les champignons tranchés avec l'ail, le persil, l'huile d'olive et le sel jusqu'à ce que tout soit bien assaisonné.
3. Placez les biftecks dans la Zone 1, et les champignons assaisonnés dans le panier de la Zone 2.
4. Sélectionnez le mode "**ROAST**" pour la Zone 1 à 200 °C, et réglez le minuteur sur 20 minutes. Pour les champignons dans la Zone 2, réglez également en mode "**ROAST**", à 180 °C, et le minuteur sur 15 minutes.
5. Sélectionnez SYNC et lancez la cuisson avec START/STOP. À mi-cuisson, ouvrez le Ninja et retournez les biftecks et les champignons pour une cuisson uniforme.
6. Laissez reposer les biftecks quelques minutes avant de les servir avec les champignons sautés.

CÔTELETTES DE PORC AVEC POMMES ET CIDRE

 Préparation
15 min

Cuisson
20 min

Portions
2

Ingrédients

- 2 côtelettes de porc (environ 200 g chacune)
- Sel et poivre noir, au goût
- 1 c. à s. d'huile d'olive
- 1 c. à c. de thym frais haché
- 2 grosses pommes, épluchées et tranchées
- 100 ml de cidre de pommes
- 30 g d'oignons tranchés (facultatif)
- 15 g de sucre roux
- ½ c. à c. de cannelle en poudre
- Une pincée de muscade

Préparation

1. Assaisonnez les côtelettes de porc avec du sel, du poivre et du thym. Badigeonnez-les d'huile d'olive et placez-les dans la Zone 1 du Ninja.
2. Dans un bol, mélangez les pommes tranchées avec le cidre de pommes, le sucre roux, la cannelle et une pincée de muscade. Transférez-les dans la Zone 2.
3. Pour les côtelettes de porc, sélectionnez le mode "**ROAST**" à 190 °C dans la Zone 1 et réglez le minuteur sur 20 minutes.
4. Pour les pommes, choisissez le mode "**ROAST**" à 170 °C car elles nécessiteront une cuisson plus douce. Réglez le minuteur sur environ 18 minutes et activez la fonction SYNC. Lancez la cuisson en appuyant sur START/STOP.
5. À mi-cuisson, retournez les côtelettes et les pommes au cidre pour assurer une cuisson uniforme. Servez les côtelettes avec les pommes encore chaudes.

RÔTI DE PORC AUX PATATES DOUCES

 Préparation
20 min

Cuisson
25 min

Portions
4

Ingrédients

- 240 g de farine
- 1 c. à c. de paprika fumé
- 1 c. à c. d'ail en poudre
- 1 c. à c. de sel marin
- 1 c. à c. de poivre noir moulu
- ½ c. à c. de piment en poudre

- 2 gros œufs
- 4 côtelettes de porc désossées
- 500 g de frites de patates douces surgelées

Préparation

1. Dans un récipient, mélangez la farine, le paprika, l'ail en poudre, le sel, le poivre et le piment. Mélangez bien.
2. Battez les œufs dans un bol. Placez la farine assaisonnée dans un autre bol.
3. Trempez chaque côtelette dans les œufs, puis dans la farine assaisonnée, de nouveau dans les œufs, et enfin dans la farine. Réservez.
4. Placez les grilles de friture dans les deux paniers. Ajoutez les côtelettes dans le panier de la Zone 1 et les patates douces dans le panier de la Zone 2. Placez les paniers dans l'appareil.
5. Sélectionnez la Zone 1, tournez le cadran pour sélectionner "ROAST", réglez la température à 200 °C et le temps à 15 minutes. Sélectionnez la Zone 2, tournez le cadran pour choisir "AIR FRY", réglez la température à 180 °C et le temps à 24 minutes. Sélectionnez SYNC et appuyez sur le cadran pour démarrer la cuisson.
6. Secouez le panier des patates à mi-cuisson pour assurer une cuisson uniforme. Après 8 minutes, retournez les côtelettes pour une cuisson homogène des deux côtés.
7. Une fois la cuisson terminée, servez les côtelettes de porc avec les patates.

CÔTELETTES D'AGNEAU AVEC RATATOUILLE

 Préparation
20 min

Cuisson
25 min

Portions
2

Ingrédients

- 4 côtelettes d'agneau
- Sel et poivre noir, au goût
- 2 c. à s. d'huile d'olive
- 1 c. à c. de romarin haché
- 1 petite aubergine,

- coupée en dés
- 1 courgette, coupée en dés
- 1 poivron rouge, coupé en dés
- 1 poivron jaune, coupé en dés
- 1 petite oignon, hachée
- 2 tomates, coupées en dés
- 2 gousses d'ail, hachées
- 1 c. à c. d'herbes de Provence

Préparation

1. Assaisonnez les côtelettes d'agneau avec du sel, du poivre, du romarin et de l'huile d'olive, puis placez-les dans la Zone 1 de votre Ninja Dual Zone.
2. Dans un grand bol, mélangez tous les légumes coupés avec l'huile d'olive, l'ail, le sel, le poivre et les herbes de Provence.
3. Transférez les légumes assaisonnés dans le panier de la Zone 2.
4. Sélectionnez le mode "ROAST" pour les deux zones. Réglez la température à 200°C pour les côtelettes d'agneau dans la Zone 1 et à 190°C pour les légumes dans la Zone 2.
5. Réglez le minuteur sur environ 25 minutes, appuyez sur SYNC et lancez la cuisson.
6. Une fois la cuisson terminée, servez les côtelettes d'agneau avec la ratatouille immédiatement.

TAGINE D'AGNEAU MAROCAIN

 Préparation
20 min

Cuisson
1h 20 min

Portions
2-4

Ingrédients

- 500 g d'épaule d'agneau, coupée en dés
- 2 c. à s. d'huile d'olive
- 1 gros oignon, haché
- 2 gousses d'ail, hachées
- 2 c. à c. d'épices mélangées (cumin, coriandre, cannelle, paprika)

- 400 g de tomates en boîte, hachées
- 400 ml de bouillon de viande
- 1 c. à c. de miel
- 100 g d'abricots secs, coupés en morceaux
- Sel et poivre, au goût

Préparation

1. Mélangez l'agneau avec les épices, le sel et le poivre dans un grand bol.
2. Placez-le dans le panier de la Zone 1 de la Ninja, ajoutez un filet d'huile d'olive, l'oignon et l'ail. Sélectionnez le mode "**ROAST**" à 160°C pour faire dorer l'agneau.
3. Réglez le minuteur à 1 heure et 30 minutes, puis lancez la cuisson en appuyant sur START/STOP.
4. Après 20 minutes, ajoutez les tomates, le bouillon de viande, le miel et les abricots secs à l'agneau. Refermez le tiroir de la Ninja et laissez la cuisson continuer.
5. Servez le tagine d'agneau chaud, accompagné de couscous aromatique, garni de coriandre fraîche hachée et d'amandes grillées.

CÔTELETTES D'AGNEAU RÔTIES AVEC SAUCE À LA MENTHE

 Préparation
15 min

Cuisson
25 min

Portions
4

Ingrédients

- 1 kg de côtelettes d'agneau
- 20 ml d'huile d'olive
- 2 c. à c. de romarin frais haché
- 4 gousses d'ail, finement hachées
- Sel et poivre noir, au goût

Ingrédients pour la Sauce à la Menthe

- 100 g de feuilles de menthe fraîche, finement hachées
- 30 g de sucre de canne
- 100 ml de vinaigre de vin blanc
- 100 ml d'eau
- Pincée de sel

Préparation

1. Dans un bol, mélangez l'huile d'olive, le romarin, l'ail, le sel et le poivre. Frottez cette préparation sur les côtelettes d'agneau et placez-les dans les paniers des Zones 1 et 2 sans les superposer.
2. Sélectionnez le mode "**ROAST**" à 190°C et réglez le temps à 25 minutes. Appuyez sur SYNC pour dupliquer les paramètres dans la Zone 2, puis lancez la cuisson.
3. Dans une petite casserole, mélangez le vinaigre, l'eau, le sucre de canne et une pincée de sel. Portez à ébullition, puis réduisez le feu et laissez mijoter jusqu'à ce que le sucre soit complètement dissous.
4. Retirez du feu et ajoutez la menthe hachée. Mélangez bien et laissez refroidir.
5. Servez les côtelettes d'agneau accompagnées de la sauce à la menthe.

KOFTA DE BŒUF AVEC LÉGUMES RÔTIS

 Préparation
20 min

 Cuisson
25 min

Portions
4

Préparation

1. Dans le panier de la Zone 1, retirez la plaque de friture, mélangez tous les légumes, sauf le persil, et placez-les dans l'appareil.
2. Dans un bol, ajoutez le bœuf haché. Hachez finement le persil, la menthe, l'oignon et l'ail. Ajoutez-les à la viande avec les épices, le sel et l'huile. Mélangez bien pour obtenir une pâte homogène. Façonnez 8 saucisses de taille égale et disposez-les sur la plaque de friture du panier de la Zone 2.
3. Sélectionnez la Zone 1, tournez le cadran pour sélectionner "**ROAST**". Réglez la température à 190 °C et le temps de cuisson à 25 minutes. Sélectionnez la Zone 2, tournez le cadran pour choisir "**MAX CRISP**" et réglez le temps de cuisson à 10 minutes. Sélectionnez SYNC et appuyez sur le cadran pour démarrer la cuisson.
4. Après 10 minutes, mélangez les légumes. Répétez après 20 minutes et retournez les koftas.
5. À la fin de la cuisson, ajoutez le persil haché aux légumes rôtis. Servez les koftas de bœuf avec les légumes aromatiques et épicés.

Ingrédients

Ingrédients pour les Légumes

- 500 g de carottes, tranchées
- 1 oignon rouge, coupé en dés
- 2 gousses d'ail, hachées
- 250 g de pois chiches (égouttés)
- 1 c. à c. de cumin moulu
- ½ c. à c. de coriandre moulue
- 1 c. à c. de sel
- 2 c. à s. d'huile d'olive
- 2 c. à s. de persil

Ingrédients pour les Kofta

- 500 g de bœuf haché
- 50 g de persil frais
- 2 brins de menthe, feuilles seulement
- 1 oignon rouge
- 3 gousses d'ail
- 3 c. à s. d'huile d'olive
- ½ c. à c. de poivre de la Jamaïque
- 1 c. à c. de cumin moulu
- ½ c. à c. de coriandre moulue
- 1 c. à c. de sel

FILET DE PORC AVEC LÉGUMES RÔTIS

 Préparation
15 min

Cuisson
35 min

Portions
3-4

Ingrédients

- 700 g de filet de porc
- 1 courgette, tranchée en rondelles de 1 cm
- 1 poivron rouge, tranché
- 1 poivron jaune, tranché
- 250 g de pommes de terre, pelées et coupées en quartiers
- 4 gousses d'ail, écrasées
- 2 c. à s. d'huile d'olive
- Sel et poivre, au goût

Préparation

1. Assaisonnez le filet de porc avec de l'huile d'olive, du sel et du poivre.
2. Mélangez les légumes avec l'huile et l'ail dans un bol, puis assaisonnez de sel et de poivre.
3. Placez le filet de porc sur la plaque antiadhésive dans la Zone 1 de la NINJA.
4. Disposez les légumes sur la plaque dans la Zone 2 de la friteuse à air.
5. Sélectionnez la Zone 1, puis le mode **"ROAST"**. Réglez la température à 190 °C et le temps de cuisson à 35 minutes. Utilisez les flèches de gauche pour choisir le type de viande (porc) et celles de droite pour le résultat souhaité.
6. Sélectionnez la Zone 2, puis le mode **"ROAST"**. Réglez la température à 190 °C et le temps à 25 minutes. Sélectionnez SYNC et appuyez sur START/STOP.
7. Pendant la cuisson, vérifiez et retournez les légumes de temps en temps pour assurer une cuisson homogène.
8. Une fois cuit, laissez reposer le filet de porc avant de le trancher et de le servir avec les légumes.

KEBABS D'AGNEAU ET AUBERGINES GRILLÉES

 Préparation
20 min

 Cuisson
15-17 min

Portions
4

Ingrédients

- 400 g d'agneau haché
- 20 g de chapelure
- 1 oignon vert, finement haché
- 1 gousse d'ail, hachée
- 1½ c. à s. de coriandre fraîche, hachée
- 1½ c. à s. de persil
- frais, haché
- 2 c. à s. d'huile d'olive
- 2 aubergines, coupées en 6 tranches chacune
- Sel et poivre à volonté
- 4 brochettes en bois de 20 cm, trempées dans l'eau

Préparation

1. Mélangez l'agneau haché, la chapelure, l'oignon vert, l'ail, la coriandre et le persil dans un bol. Salez, poivrez et mélangez bien. Divisez le mélange en quatre parts égales et formez-les autour des brochettes, en laissant les extrémités libres.
2. Dans un autre bol, mélangez les aubergines avec de l'huile d'olive, du sel et du poivre.
3. Vaporisez une grille de cuisson d'huile de cuisine, disposez les kebabs et placez-les dans la Zone 1 de la Ninja.
4. Placez les aubergines sur une autre grille de cuisson et insérez-la dans la Zone 2.
5. Pour les kebabs dans la Zone 1, réglez l'unité sur **"AIR FRY"** à 200 °C pendant 9 minutes. Pour les aubergines dans la Zone 2, réglez sur **"AIR FRY"** à 200 °C pendant 15 minutes. Sélectionnez SYNC et commencez la cuisson.
6. Retournez les aubergines deux fois pour assurer une cuisson uniforme.
7. Servez les kebabs d'agneau et les aubergines chaudes. Garnissez de coriandre, persil et piment.

SOURIS D'AGNEAU AVEC LÉGUMES RACINES

🕐 **Préparation**
20 min

🍲 **Cuisson**
1h 40min

🍽 **Portions**
2

Préparation

1. Dans une poêle, chauffez une cuillère à soupe d'huile d'olive et faites dorer les souris d'agneau assaisonnées de sel et de poivre sur tous les côtés.
2. Transférez les souris dans le panier de la Zone 1 du Ninja, ajoutez l'ail, le romarin et le bouillon de bœuf. Sélectionnez le mode "**ROAST**" à 170 °C pour environ 1 heure 40 minutes.
3. Dans un bol, mélangez les légumes coupés avec le reste d'huile d'olive, le sel, le poivre et le thym. Transférez-les dans la Zone 2 et réglez le mode "**ROAST**" avec un temps de cuisson de 40 minutes.
4. Utilisez la fonction SYNC pour que les légumes commencent la cuisson au bon moment, puis appuyez sur START/STOP pour démarrer la cuisson.
5. Lorsque l'agneau est tendre et que les légumes sont cuits, transférez le tout sur un plat de service.

Ingrédients

Ingrédients pour l'Agneau

- 2 souris d'agneau
- Sel et poivre noir, au goût
- 2 c. à s. d'huile d'olive
- 2 gousses d'ail, hachées
- 1 branche de romarin
- 250 ml de bouillon de bœuf

Ingrédients pour les Légumes Racines

- 200 g de carottes, pelées et coupées en bâtonnets
- 200 g de pommes de terre, pelées et coupées en morceaux
- 200 g de panais, pelés et coupés en bâtonnets
- 2 c. à s. d'huile d'olive
- Sel et poivre, au goût
- 1 c. à c. de thym séché

BOUILLABAISSE

 Préparation 20 min | **Cuisson** 40 min | **Portions** 4

Préparation

1. Dans une grande poêle sur le feu, faites chauffer l'huile d'olive à feu moyen. Ajoutez l'oignon, l'ail, le fenouil et le poivron rouge et faites revenir jusqu'à ce qu'ils deviennent tendres.
2. Déglacez avec le vin blanc et laissez réduire quelques minutes.
3. Ajoutez les tomates pelées, le fumet de poisson et le safran. Portez à légère ébullition et laissez mijoter 20 minutes à feu moyen-doux.
4. Transférez la base de la soupe dans la grande cuve de la Ninja, après avoir retiré le séparateur des paniers.
5. Ajoutez les crevettes, les moules, les calamars et les morceaux de poisson dans la soupe.
6. Sélectionnez le mode "BAKE", réglez la température sur 160 °C et le temps de cuisson sur 20 minutes.
7. Réglez la Ninja sur "MEGAZONE", appuyez sur START/STOP et lancez la cuisson.
8. Assurez-vous que toutes les moules soient ouvertes (jetez celles qui restent fermées) et que le poisson soit parfaitement cuit. Goûtez et ajustez le sel et le poivre.
9. Servez la bouillabaisse chaude, garnie de persil frais haché.

Ingrédients

- 300 g de crevettes, décortiquées et nettoyées
- 500 g de moules, nettoyées
- 300 g de filets de poisson au choix, coupés en morceaux
- 200 g de calamars, coupés en anneaux
- 1 gros oignon, haché
- 2 gousses d'ail, hachées
- 400 g de tomates pelées, hachées
- 1 bulbe de fenouil, tranché finement
- 1 poivron rouge, coupé en lanières
- 1 litre de fumet de poisson
- 100 ml de vin blanc
- 3 c. à s. d'huile d'olive
- 1 c. à c. de safran
- Sel et poivre noir, selon le goût
- Persil frais haché, pour la garniture

DORADE ROYALE EN PAPILLOTE

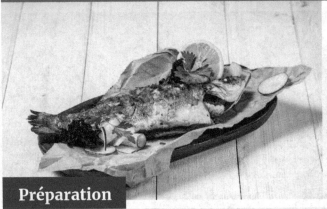

 Préparation
20 min

Cuisson
25 min

Portions
2

Ingrédients

- 2 dorades entières (300–400 g chacune), vidées et nettoyées
- 2 gousses d'ail, tranchées
- 1 citron, en tranches
- Un bouquet d'herbes aromatiques (persil, thym, romarin)
- Sel et poivre, à volonté
- Huile d'olive
- 2 feuilles de papier sulfurisé

Préparation

1. Rincez les dorades à l'eau froide et séchez-les avec du papier absorbant. Salez et poivrez l'intérieur et l'extérieur des dorades.
2. Remplissez la cavité de chaque dorade avec les tranches d'ail, les tranches de citron et les herbes aromatiques.
3. Badigeonnez les feuilles de papier sulfurisé d'huile d'olive et placez chaque dorade au centre de chaque feuille. Pliez bien pour créer un paquet hermétique.
4. Placez un paquet dans le panier de la Zone 1 et l'autre dans le panier de la Zone 2 de votre Ninja Dual Zone.
5. Sélectionnez la fonction "**BAKE**", réglez la température sur 180 °C et le temps de cuisson sur 25 minutes.
6. Appuyez sur le bouton MATCH pour reproduire les réglages de la Zone 1 dans la Zone 2, garantissant une cuisson uniforme des dorades. Démarrez la cuisson en appuyant sur START/STOP.
7. Une fois cuites, ouvrez les papillotes avec précaution pour éviter de vous brûler avec la vapeur.

CREVETTES GRILLÉES À L'AIL ET AU PERSIL

 Préparation
10 min

Cuisson
8 min

 Portions
2-3

Ingrédients

- 250 g de crevettes décortiquées et nettoyées
- 2 gousses d'ail, finement hachées
- 2 c. à s. d'huile d'olive
- 1 c. à s. de persil frais haché
- Tranches de citron pour servir
- Sel et poivre, à volonté
- Huile en spray

Préparation

1. Dans un grand bol, mélangez les crevettes avec l'huile d'olive, l'ail haché, le persil, le sel et le poivre. Mélangez bien pour que les crevettes soient entièrement enrobées de l'assaisonnement.
2. Laissez mariner les crevettes pendant environ 10 minutes au réfrigérateur.
3. Vaporisez d'huile le panier de la Zone 1. Disposez les crevettes en une seule couche pour assurer une cuisson uniforme.
4. Sélectionnez la fonction "**AIR FRY**", réglez la température sur 200 °C et le temps de cuisson sur 8 minutes. Appuyez sur START/STOP pour démarrer la cuisson.
5. À mi-cuisson, retournez les crevettes pour qu'elles dorent uniformément de chaque côté.
6. Servez immédiatement les crevettes chaudes, accompagnées de quartiers de citron et d'une pincée supplémentaire de persil frais si souhaité.

COQUILLES SAINT-JACQUES À LA PROVENÇALE

 Préparation
10 min

Cuisson
8 min

Portions
4

Ingrédients

- 16 noix de Saint-Jacques fraîches, sans corail
- 4 c. à s. d'huile d'olive
- ½ oignon haché
- 50 g de câpres hachées

- 2 c. à s. d'herbes de Provence
- Sel et poivre noir, à volonté
- Jus d'un citron

Préparation

1. Séchez soigneusement les Saint-Jacques avec du papier absorbant.
2. Dans un bol, mélangez l'huile d'olive, l'oignon, les herbes de Provence, le jus de citron, le sel et le poivre. Faites mariner les Saint-Jacques dans ce mélange pendant environ 5 minutes.
3. Placez la moitié des Saint-Jacques dans le panier de la Zone 1 et l'autre moitié dans le panier de la Zone 2 de la Ninja Dual Zone.
4. Ajoutez les câpres hachées autour des Saint-Jacques dans les paniers. Sélectionnez la fonction "**AIR FRY**", réglez la température sur 200 °C et le temps de cuisson sur 8 minutes.
5. Appuyez sur le bouton MATCH pour copier les paramètres de la Zone 1 vers la Zone 2, puis démarrez la cuisson en appuyant sur START/STOP.
6. Une fois cuites, servez immédiatement les Saint-Jacques, garnies d'une touche de persil frais et d'un filet d'huile d'olive.

SAUMON AUX ÉPINARDS

 Préparation
10 min

 Cuisson
12-15 min

Portions
2

Ingrédients

- 2 filets de saumon (environ 150 g chacun)
- Sel et poivre noir, selon le goût

- Citron, pour servir
- 400 g d'épinards frais, lavés
- 2 gousses d'ail, hachées
- 30 ml d'huile d'olive

Préparation

1. Assaisonnez les filets de saumon avec du sel, du poivre et un filet d'huile d'olive. Placez-les dans le panier de la Zone 1 de la Ninja.
2. Sélectionnez le mode "**ROAST**" à 200°C et réglez le temps de cuisson sur 12-15 minutes.
3. Dans le panier de la Zone 2, mélangez les épinards avec l'ail, l'huile d'olive, du sel et du poivre.
4. Sélectionnez le mode "**REHEAT**" à 120°C et réglez le temps sur 4-5 minutes. Appuyez sur SYNC, puis sur START/STOP pour lancer la cuisson.
5. Une fois la cuisson terminée, servez les filets de saumon à côté des épinards sautés et ajoutez quelques quartiers de citron pour garnir.

ROULADES DE PLIE AUX ASPERGES

🕐 Préparation	🍲 Cuisson	🍽 Portions
15 min	12-15 min	2

Ingrédients

- 4 filets de plie (environ 150 g chacun)
- Sel et poivre noir, selon le goût
- Herbes aromatiques hachées
- 1 c. à. s. d'huile d'olive
- 200 g d'asperges, nettoyées
- 100 g de tomates cerises

Préparation

1. Assaisonnez les filets de plie avec du sel, du poivre et des herbes aromatiques. Enroulez délicatement chaque filet et fixez-le avec un cure-dent pour maintenir sa forme.
2. Placez-les dans le panier de la Zone 1. Sélectionnez le mode "ROAST" à 180°C et réglez le temps de cuisson sur 15 minutes environ.
3. Dans un bol, mélangez les asperges et les tomates cerises avec l'huile d'olive, du sel et du poivre. Transférez-les dans le panier de la Zone 2.
4. Réglez le mode "AIR FRY" à 200°C et le minuteur sur 8 minutes. Sélectionnez le bouton SYNC pour terminer la cuisson en même temps que les roulades de plie, puis appuyez sur START/STOP.
5. Disposez les roulades de plie sur un plat de service, accompagnées d'asperges et de tomates cerises. Retirez les cure-dents et servez.

BAR À LA RATATOUILLE

🕐 Préparation	🍲 Cuisson	🍽 Portions
20 min	25 min	2

Ingrédients

- 2 filets de bar (environ 150-200 g chacun)
- 30 ml d'huile d'olive
- Jus d'un citron
- 1 petite aubergine, coupée en dés
- 1 courgette, coupée en dés
- 1 poivron rouge, coupé en dés
- 1 petite oignon, haché
- 2 gousses d'ail, émincées
- 200 g de tomates cerises, coupées en deux
- Sel et poivre noir, au goût
- Thym ou basilic, au goût

Préparation

1. Assaisonnez les filets de bar avec du sel, du poivre et un filet d'huile d'olive, puis placez-les dans le panier de la Zone 1. Sélectionnez le mode "ROAST", réglez la température sur 200°C et le temps de cuisson sur 14 minutes.
2. Dans un grand bol, mélangez l'aubergine, la courgette, le poivron, l'oignon, l'ail et les tomates cerises avec l'huile d'olive, le sel, le poivre et les herbes aromatiques. Transférez le tout dans le panier de la Zone 2.
3. Sélectionnez le mode "BAKE" à 180°C et réglez le minuteur sur 25 minutes. Activez la fonction SYNC et démarrez la cuisson en appuyant sur START/STOP.
4. À mi-cuisson, retournez les filets de bar et remuez les légumes. Servez les filets de bar chauds avec un filet de jus de citron, accompagnés de la ratatouille.

MOULES MARINIÈRES AVEC CROÛTONS DE PAIN

 Préparation
15 min

Cuisson
10 min

Portions
2

Ingrédients

- 1 kg de moules, nettoyées et purgées
- 2 gousses d'ail, finement hachées
- 200 ml de vin blanc sec
- 1 petite oignon,

- finement haché
- Persil frais haché, au goût
- Sel et poivre noir, au goût
- 1 baguette, coupée en tranches de 1 cm
- 1 c. à. s. d'huile d'olive

Préparation

1. Dans un grand bol, mélangez les moules avec le vin blanc, l'ail, l'oignon, le sel et le poivre. Transférez le tout dans un plat compatible avec le Ninja et couvrez d'une feuille d'aluminium.
2. Placez le plat dans la Zone 1. Sélectionnez le mode **ROAST** à 200°C et réglez le temps de cuisson sur environ 10 minutes.
3. Badigeonnez légèrement les tranches de baguette avec de l'huile d'olive et disposez-les dans le panier de la Zone 2 sans les superposer. Sélectionnez le mode **AIR FRY** à 180°C en réglant le minuteur sur 4-5 minutes.
4. Sélectionnez SYNC et lancez la cuisson en appuyant sur START/STOP.
5. Servez les moules chaudes dans des bols profonds avec les croûtons, arrosées de leur jus de cuisson et garnies de persil frais haché.

CALAMARS FRITS AVEC SAUCE AÏOLI

 Préparation
15 min

Cuisson
8 min

Portions
4

Ingrédients

- 800 g d'anneaux de calamars frais
- 100 g de farine
- 1 c. à. c. de paprika
- Sel et poivre noir, au goût
- Huile en spray pour la cuisson

Ingrédients pour la Sauce Aïoli
- 100 ml de mayonnaise
- 1 gousse d'ail, finement hachée
- 1 c. à. c. de jus de citron
- Sel, au goût
- Poivre noir, au goût

Préparation

1. Dans un grand bol, mélangez la farine, le paprika, le sel et le poivre. Roulez les anneaux de calamars dans le mélange de farine pour les enrober uniformément.
2. Allumez le Ninja Dual Zone en sélectionnant le mode **AIR FRY** et réglez la température à 200°C.
3. Vaporisez légèrement les paniers avec de l'huile en spray et disposez la moitié des anneaux de calamars de façon uniforme dans le panier de la Zone 1, et l'autre moitié dans le panier de la Zone 2.
4. Réglez le temps de cuisson sur 8 minutes. Activez la fonction MATCH et appuyez sur START/STOP pour commencer la cuisson.
5. Pendant la cuisson des calamars, mélangez dans un petit bol la mayonnaise, l'ail haché, le jus de citron, le sel et le poivre jusqu'à obtenir une sauce homogène.
6. Transférez les calamars frits sur une assiette et servez-les immédiatement avec la sauce aïoli à part.

FILETS DE CABILLAUD AUX POMMES DE TERRE CROQUANTES

 Préparation
10 min

Cuisson
25 min

 Portions
4

Préparation

1. Coupez les pommes de terre en tranches d'environ 1,5 cm d'épaisseur. Laissez-les tremper dans de l'eau pendant 30 minutes pour éliminer l'excès d'amidon. Rincez et séchez-les.

2. Dans un bol, mélangez les pommes de terre, l'huile, le sel et la semoule, en veillant à bien les enrober. Placez les grilles de cuisson dans les deux paniers et ajoutez les pommes de terre dans le panier de la Zone 1.

3. Dans un robot culinaire, mixez le pain, l'ail, le zeste de citron et le persil jusqu'à obtenir une fine chapelure. Ajoutez l'huile pour créer une consistance homogène. Couvrez uniformément les filets de cabillaud de chapelure, en appuyant pour la faire adhérer.

4. Réglez la Zone 1 en mode **AIR FRY** à 200°C pour 25 minutes et la Zone 2 (pour le poisson) en mode **ROAST** à 170°C pour 15 minutes. Appuyez sur SYNC et démarrez la cuisson.

5. Agitez le panier des pommes de terre à mi-cuisson. Après 25 minutes, vérifiez si le poisson est cuit.

6. Retirez le poisson et les pommes de terre de la Ninja et servez les filets de cabillaud accompagnés de sauce tartare et de purée de petits pois, en garnissant de persil frais et de citron.

Ingrédients

- 700 g de pommes de terre épluchées
- 3-4 quartiers de citron
- 2 tranches de pain sans croûte
- 1 gousse d'ail
- Zeste râpé d'un citron
- Sel, poivre et persil, au goût
- 4 filets de cabillaud de 120 g chacun
- 2 c. à. s. d'huile d'olive

Pour Servir

- Sauce tartare
- Purée de petits pois

QUEUES DE HOMARD GRILLÉES AU BEURRE À L'AIL

 Préparation
10 min

Cuisson
7 min

Portions
2

Ingrédients

- 2 queues de homard congelées (environ 200 g chacune)
- 15 ml d'huile d'olive
- Sel et poivre noir, au goût
- Paprika, au goût (facultatif)

Ingrédients pour le Beurre à l'Ail
- 100 g de beurre
- 2 gousses d'ail, finement hachées
- 1 c. à. s. de persil frais, haché
- Jus de ½ citron

Préparation

1. Enduisez légèrement les queues de homard d'huile d'olive, puis assaisonnez de sel, de poivre et saupoudrez de paprika pour un supplément de saveur.
2. Allumez le Ninja et sélectionnez le mode **MAX CRISP** à 240°C.
3. Placez les queues de homard dans le panier de la Zone 1, chair tournée vers le haut, et réglez le temps de cuisson à 7 minutes.
4. Pendant la cuisson du homard, mettez le beurre, l'ail haché, le persil et le jus de citron dans un petit bol adapté à votre Ninja Dual.
5. Sélectionnez le mode REHEAT à 90°C et réglez le temps de cuisson à 6 minutes, pour faire fondre le beurre. Appuyez sur SYNC et commencez la cuisson avec START/STOP.
6. Servez les queues de homard immédiatement après la cuisson, accompagnées du beurre à l'ail, de quartiers de citron et de persil pour garnir.

SAUMON RÔTI AUX ASPERGES ET PARMESAN

 Préparation
15 min

Cuisson
15 min

Portions
2-4

Ingrédients

- 40 g d'épices pour poisson
- 3 c. à. s. de cassonade
- 3 filets de saumon
- 4 c. à. s. d'huile

d'olive
- 450 g d'asperges nettoyées
- 30 g de parmesan râpé
- Sel et poivre, au goût

Préparation

1. Dans un petit bol, mélangez les épices et la cassonade. Étalez une c. à. s. d'huile sur chaque filet de saumon, puis enrobez-les généreusement du mélange sucre-épices.
2. Dans un autre bol, mélangez les asperges avec le reste d'huile, du sel et du poivre, en les enrobant bien.
3. Placez les filets de saumon dans la Zone 1 de la Ninja, côté peau vers le bas, et les asperges dans la Zone 2.
4. Réglez la Ninja Dual sur "**ROAST**" à 200°C pendant 15 minutes. Sélectionnez l'option MATCH et démarrez la cuisson du saumon et des asperges.
5. Peu avant la fin de la cuisson, saupoudrez la moitié du parmesan sur les asperges, secouez légèrement le panier et laissez finir la cuisson.
6. Disposez le saumon et les asperges sur un plat de service, en saupoudrant le reste du parmesan sur les asperges avant de servir.

COQUILLES SAINT-JACQUES AU CITRON ET À L'AIL AVEC ASPERGES

Préparation 15 min **Cuisson** 10 min **Portions** 4

Ingrédients

- 12 grosses coquilles Saint-Jacques, nettoyées
- 2 c. à. s. d'huile d'olive
- 2 gousses d'ail, finement hachées

- Jus et zeste de 1 citron
- Sel et poivre noir fraîchement moulu, au goût
- 400 g d'asperges fraîches, nettoyées

Préparation

1. Mélangez les coquilles Saint-Jacques dans un bol avec l'huile d'olive, l'ail, le jus et le zeste de citron. Assaisonnez de sel et de poivre selon votre goût.
2. Réglez la Zone 1 de votre Ninja sur **"AIR FRY"** à 200°C, avec une minuterie de 10 minutes. Placez les coquilles Saint-Jacques dans le panier de la Zone 1, en vous assurant qu'elles ne se chevauchent pas.
3. Dans un autre bol, mélangez les asperges avec de l'huile d'olive, du sel et du poivre.
4. Réglez la Zone 2 de la Ninja sur **"AIR FRY"** à 200°C, avec une minuterie de 8 minutes. Placez les asperges dans le panier de la Zone 2. Utilisez la fonction SYNC et démarrez la cuisson en appuyant sur START/STOP.
5. Servez immédiatement les coquilles Saint-Jacques et les asperges, arrosées d'un filet d'huile d'olive extra vierge et saupoudrées de zeste de citron.

STEAKS DE THON AVEC HARICOTS VERTS

Préparation 15 min **Cuisson** 15 min **Portions** 4

Ingrédients

- 4 steaks de thon (environ 150 g chacun)
- Jus de 1 citron (environ 30 ml)

- 200 g de haricots verts frais, coupés
- 30 ml d'huile d'olive
- Sel et poivre, au goût

Préparation

1. Assaisonnez les steaks de thon dans un bol avec de l'huile d'olive, du jus de citron, du sel et du poivre. Laissez-les mariner pendant 10 minutes.
2. Dans un autre bol, mélangez les haricots verts avec de l'huile d'olive, du sel et du poivre jusqu'à ce qu'ils soient bien assaisonnés.
3. Disposez les haricots verts dans le panier de la Zone 1 de manière uniforme, sélectionnez **"AIR FRY,"** réglez le minuteur sur 15 minutes et la température à 200°C.
4. Placez les steaks de thon marinés dans le panier de la Zone 2, sélectionnez **"ROAST,"** et réglez la température à 200°C pendant 8 minutes. Appuyez sur le bouton SYNC pour synchroniser la cuisson et sur START/STOP pour démarrer.
5. À mi-cuisson, retournez les steaks de thon et les haricots verts. Servez les steaks de thon accompagnés des haricots verts bien chauds.

RAGOÛT DE POISSON AVEC PAIN À L'AIL

 Préparation
20 min

Cuisson
30 min

Portions
4

Ingrédients

- 400 g de filets de poisson, coupés en morceaux
- 200 g de crevettes décortiquées
- 1 boîte de tomates pelées
- 1 grosse oignon, hachée
- 4 gousses d'ail, hachées
- 1 poivron rouge, coupé en dés
- 500 ml de bouillon de poisson

- 1 c. à. s. d'huile d'olive
- Sel et poivre, au goût
- 1 c. à. c. de paprika
- Herbes fraîches (persil, coriandre), hachées
- 1 baguette, coupée en deux dans la longueur
- 50 g de beurre, ramolli

Préparation

1. Réglez la Ninja sur "**ROAST**" à 180°C. Mélangez dans le panier l'huile d'olive, l'oignon, l'ail et le poivron. Faites cuire dans la Zone 1 pendant environ 5 minutes, jusqu'à ce qu'ils soient tendres.
2. Ajoutez les tomates pelées, le bouillon de poisson, le sel, le poivre et le paprika. Mélangez bien. Ajoutez les morceaux de poisson et les crevettes, réglez le minuteur sur 25 minutes.
3. Dans la Zone 2, réglez la Ninja sur "**BAKE**" à 180°C. Mélangez le beurre fondu avec l'ail et le persil hachés. Étalez le mélange sur les moitiés de baguette. Placez le pain dans le panier et réglez le minuteur sur 15 minutes.
4. Sélectionnez SYNC et démarrez la cuisson en appuyant sur START/STOP.
5. Servez le ragoût de poisson chaud, garni d'herbes fraîches et accompagné de pain à l'ail.

FILETS DE BAR EN AIR FRYER

 Préparation
10 min

Cuisson
12 min

Portions
2

Ingrédients

- 2 filets de bar (environ 150 g chacun)
- Sel, poivre et origan, au goût
- 30 ml d'huile d'olive
- Rondelles de citron pour la garniture

Préparation

1. Séchez bien les filets de bar avec du papier absorbant. Assaisonnez les deux côtés avec du sel, du poivre et de l'origan, puis badigeonnez légèrement la peau d'huile d'olive pour la rendre croustillante.
2. Sélectionnez le mode "**ROAST**". Réglez la température à 200°C et le temps de cuisson à 12 minutes.
3. Placez les filets de bar dans le panier de la Zone 1, la peau vers le haut. Appuyez sur START/STOP pour lancer la cuisson.
4. Servez immédiatement les filets de bar après la cuisson, garnis de rondelles de citron. Accompagnez-les d'une salade fraîche ou de légumes vapeur.

FALAFEL AUX LÉGUMES RÔTIS

 Préparation
10 min

 Cuisson
22 min

Portions
3

Préparation

1. Dans un robot culinaire, mélangez les pois chiches, l'oignon, l'ail, les herbes, les épices, la farine et le sel jusqu'à obtenir un mélange homogène mais légèrement grossier.
2. Façonnez 6 boules (Falafels), placez-les sur du papier sulfurisé, puis réfrigérez-les pendant 20 minutes.
3. Mélangez les légumes avec l'huile, le jus de citron, l'ail, le thym et le cumin. Assaisonnez selon votre goût.
4. Placez les légumes dans la Zone 1 et les falafels dans la Zone 2. Réglez les légumes sur "**ROAST**" à 180°C pendant 22 minutes et les falafels sur "**AIR FRY**" à 200°C pendant 17 minutes. Sélectionnez "SYNC" et appuyez sur START/STOP pour démarrer la cuisson.
5. Remuez les légumes à mi-cuisson et badigeonnez-les avec la marinade restante.
6. Ouvrez les pitas, remplissez-les de salade, ajoutez les falafels et les légumes rôtis. Garnissez de mayonnaise et servez.

Ingrédients

Ingrédients pour les Falafels
- 400 g de pois chiches égouttés et rincés
- 2 c. à. s. d'huile de tournesol
- 1 petite oignon rouge, coupé en quartiers
- 1 gousse d'ail
- 5 g de persil frais
- 5 g de coriandre fraîche
- 1 c. à. c. de cumin moulu
- 1 c. à. c. de coriandre moulue
- 1 c. à. c. d'harissa
- 20 g de farine
- 1/2 c. à. c. de sel

Ingrédients pour les Légumes
- 300 g de potiron, coupé en dés
- 150 g de courgettes, coupées en morceaux
- 4 poivrons doux, coupés en deux ou en quartiers
- 1 petit oignon rouge, coupé en rondelles
- 2 c. à. s. d'huile d'olive
- 1 c. à. s. de jus de citron
- 1 gousse d'ail, écrasée
- 1 c. à. s. de feuilles de thym frais
- 1 c. à. s. de cumin
- Sel et poivre, au goût

Pour Servir
- Pain pita
- Feuilles de salade
- Mayonnaise

POMMES DE TERRE RÔTIES CROQUANTES

 Préparation
10 min

Cuisson
25 min

Portions
4-6

Ingrédients

- 1 kg de pommes de terre, pelées et coupées en dés
- 60 ml d'huile d'olive
- Sel, au goût
- 2 brins de romarin frais, hachés

Préparation

1. Dans un grand bol, mélangez les pommes de terre avec l'huile d'olive, le sel et le romarin.
2. Placez la moitié des pommes de terre assaisonnées dans le panier de la Zone 1 et l'autre moitié dans le panier de la Zone 2 (si vous avez besoin de moins de portions, vous pouvez utiliser une seule zone).
3. Sélectionnez "**ROAST**", réglez la température à 200°C et le temps de cuisson à 25 minutes.
4. Utilisez le bouton MATCH pour copier les réglages de la Zone 1 à la Zone 2, puis démarrez la cuisson en appuyant sur START/STOP.
5. Remuez les pommes de terre à mi-cuisson pour assurer un croustillant et un brunissement uniformes.
6. Servez les pommes de terre rôties chaudes en accompagnement.

CHIPS DE PATATE DOUCE

 Préparation
15 min

Cuisson
18 min

Portions
6

Ingrédients

- 600 g de patates douces, lavées et tranchées finement
- 30 ml d'huile d'olive
- Sel, au goût
- Une pincée de paprika (facultatif)

Préparation

1. Dans un grand bol, mélangez délicatement les tranches de patate douce avec de l'huile d'olive, une légère pincée de sel et, éventuellement, de paprika.
2. Disposez une seule couche de chips dans le panier de la Zone 1 sans les superposer, pour permettre à l'air de circuler librement. Répétez l'opération dans la Zone 2.
3. Sélectionnez "**AIR FRY**", réglez la température à 180°C et le temps de cuisson à 18 minutes. Utilisez le bouton MATCH pour dupliquer les réglages et appuyez sur START/STOP pour lancer la cuisson.
4. Après 18 minutes, vérifiez la croquante des chips. Si nécessaire, ajoutez quelques minutes de cuisson.
5. Servez les chips de patate douce chaudes, accompagnées de sauces comme du guacamole ou une sauce au yaourt.

CAROTTES GLACÉES AU MIEL ET AU THYM

 Préparation
10 min

 Cuisson
20 min

Portions
4

Ingrédients

- 600 g de carottes, pelées et coupées en bâtonnets
- 30 ml d'huile d'olive
- 30 ml de miel
- 1 c. à. s. de thym frais, haché
- Sel et poivre noir, au goût

Préparation

1. Dans un bol, mélangez les carottes avec l'huile d'olive, le miel, le thym haché, le sel et le poivre, en les enrobant bien dans la marinade.
2. Disposez les carottes dans le panier de la Zone 1 en une seule couche, en évitant de les superposer.
3. Sélectionnez "**ROAST**", réglez la température à 190°C et le temps de cuisson à 20 minutes.
4. Appuyez sur START/STOP pour démarrer la cuisson. Retournez les carottes à mi-cuisson pour assurer une caramélisation uniforme.
5. Servez les carottes glacées chaudes en accompagnement ou en collation.

POMMES DE TERRE ÉCRASÉES À L'AIL ET AU THYM

 Préparation
10 min

 Cuisson
25 min

Portions
2

Ingrédients

- 400 g de pommes de terre jaunes
- 2 gousses d'ail, finement hachées
- 2 brins de thym
- 30 ml d'huile d'olive extra vierge
- Gros sel et poivre noir, au goût

Préparation

1. Lavez les pommes de terre et faites-les cuire dans de l'eau salée bouillante jusqu'à ce qu'elles soient tendres. Égouttez-les et laissez-les refroidir quelques minutes avant de les écraser avec le fond d'un verre.
2. Badigeonnez les pommes de terre écrasées des deux côtés avec un mélange d'huile d'olive, d'ail haché, de thym, de sel et de poivre.
3. Disposez les pommes de terre assaisonnées en une seule couche dans le panier de la Zone 1.
4. Sélectionnez "**ROAST**" comme mode de cuisson, réglez la température à 200°C et le temps de cuisson à 25 minutes.
5. Appuyez sur START/STOP pour commencer la cuisson. Retournez les pommes de terre à mi-cuisson pour les dorer uniformément sur les deux faces.
6. Servez les pommes de terre écrasées chaudes, garnies d'une pincée supplémentaire de sel et de poivre noir.

BETTERAVES RÔTIES AVEC FETA ET NOIX

 Préparation 15 min   **Cuisson** 30 min   **Portions** 4

Ingrédients

- 600 g de betteraves, pelées et coupées en dés
- 30 ml d'huile d'olive
- Sel et poivre noir, au goût

- 100 g de noix
- Une pincée de sel
- 200 g de feta, émiettée
- Roquette et menthe pour garnir

Préparation

1. Mélangez les dés de betterave avec l'huile d'olive, le sel et le poivre dans un bol, puis placez-les en une seule couche dans la Zone 1 de la Ninja.
2. Dans un autre bol, mélangez les noix avec une pincée de sel, puis disposez-les dans la Zone 2.
3. Pour la Zone 1, où se trouvent les betteraves, sélectionnez le mode "**ROAST**" à 200°C pendant 30 minutes.
4. Pour les noix dans la Zone 2, choisissez le mode "**BAKE**" à 160°C pendant 5 à 7 minutes, juste le temps de les faire griller légèrement sans les brûler.
5. Sélectionnez "SYNC" pour synchroniser la fin de la cuisson et appuyez sur START/STOP.
6. Laissez refroidir légèrement les betteraves et les noix. Dans un grand bol, mélangez les betteraves rôties avec les noix grillées et la feta émiettée.
7. Garnissez de roquette et de menthe fraîche avant de servir.

DÉS DE COURGE RÔTIS AVEC PAIN GRILLÉ

 Préparation 15 min   **Cuisson** 25 min   **Portions** 4

Ingrédients

- 800 g de courge, pelée et coupée en dés
- 30 ml d'huile d'olive
- 2 gousses d'ail, finement hachées

- 1 c. à. c. de piment en poudre
- Sel et poivre, au goût
- 4 tranches de pain de seigle

Préparation

1. Dans un grand bol, mélangez les dés de courge avec l'huile d'olive, l'ail haché, le piment en poudre, le sel et le poivre. Placez les dés de courge en une seule couche dans le panier de la Zone 1.
2. Disposez les tranches de pain de seigle en une seule couche dans la Zone 2.
3. Dans la Zone 1 de la Ninja, sélectionnez le mode "**ROAST**" et réglez la température à 200°C pour une cuisson de 25 minutes.
4. Pour le pain de seigle, choisissez le mode "**BAKE**" à 180°C pendant 5 à 7 minutes pour le griller.
5. Sélectionnez "SYNC" pour synchroniser la fin de la cuisson et appuyez sur START/STOP.
6. Servez les dés de courge chauds, accompagnés des tranches de pain grillé.

MAÏS AU BEURRE AUX HERBES

 Préparation
10 min

 Cuisson
15 min

Portions
4

Ingrédients

- 4 épis de maïs, nettoyés
- 100 g de beurre, ramolli
- 1 c. à. s. d'herbes fraîches hachées (thym, persil, ciboulette)
- 1 gousse d'ail, finement hachée
- Une pincée de sel et de poivre

Préparation

1. Dans un petit bol, mélangez le beurre ramolli avec les herbes hachées, l'ail, le sel et le poivre jusqu'à obtenir une consistance homogène. Réfrigérez.
2. Vaporisez un peu d'huile dans les paniers de la Ninja Dual Zone et sélectionnez le mode "**ROAST**".
3. Placez la moitié des épis de maïs dans le panier de la Zone 1 et l'autre moitié dans la Zone 2.
4. Réglez la température à 180°C pendant 15 minutes. Utilisez le bouton "MATCH" et appuyez sur START/STOP pour lancer la cuisson.
5. Retournez les épis à mi-cuisson pour une cuisson uniforme.
6. Tartinez généreusement le beurre aux herbes sur les épis de maïs chauds avant de les servir.

CHAMPIGNONS PORTOBELLO FARCIS

 Préparation
15 min

Cuisson
20 min

Portions
4

Ingrédients

- 8 champignons Portobello, nettoyés
- 250 g d'épinards frais
- 150 g de fromage émietté
- 2 gousses d'ail, finement hachées
- 80 g de pignons de pin, légèrement grillés
- 40 ml d'huile d'olive extra vierge
- Sel et poivre au goût

Préparation

1. Badigeonnez l'intérieur et l'extérieur des champignons avec de l'huile d'olive, et assaisonnez avec du sel et du poivre.
2. Dans une poêle à feu moyen, chauffez un peu d'huile d'olive et faites revenir l'ail haché. Ajoutez les épinards et faites cuire jusqu'à ce qu'ils flétrissent. Assaisonnez de sel et de poivre.
3. Retirez du feu et laissez refroidir légèrement. Mélangez avec le fromage émietté et les pignons grillés.
4. Répartissez la farce d'épinards, de fromage et de pignons uniformément dans les chapeaux des champignons.
5. Placez 4 champignons farcis dans la Zone 1 et les 4 autres dans la Zone 2 de la Ninja. Sélectionnez "**BAKE**" et réglez la minuterie à 20 minutes à 180°C. Utilisez le bouton "MATCH" pour dupliquer les réglages et appuyez sur START/STOP pour lancer la cuisson.
6. Servez les champignons Portobello farcis en plat principal ou en accompagnement.

CHOUX DE BRUXELLES AU BACON

 Préparation
10 min

Cuisson
15 min

Portions
2

Ingrédients

- 400 g de choux de Bruxelles, nettoyés et coupés en deux
- 100 g de bacon, coupé en morceaux
- 15 ml d'huile d'olive
- Sel et poivre noir selon le goût

Préparation

1. Dans un grand bol, mélangez les choux de Bruxelles avec l'huile d'olive, le sel et le poivre. Ajoutez les morceaux de bacon et mélangez.
2. Disposez les choux de Bruxelles avec le bacon dans le panier de la Zone 1 de la Ninja. Assurez-vous qu'ils ne se superposent pas pour une cuisson uniforme.
3. Sélectionnez le mode "**AIR FRY**" à 200°C pendant 15 minutes. Appuyez sur START/STOP pour lancer la cuisson. Tournez les choux à mi-cuisson pour un meilleur résultat.
4. Servez les choux de Bruxelles au bacon chauds, en accompagnement ou comme plat principal léger.

GRATIN DE CHOU-FLEUR AU FROMAGE

 Préparation
15 min

Cuisson
20 min

Portions
4

Ingrédients

- 1 chou-fleur (environ 800 g), coupé en fleurettes
- 200 g de fromage gruyère ou cheddar, râpé
- 200 ml de crème fraîche
- 2 gousses d'ail, hachées
- 100 g de parmesan, râpé
- Sel et poivre noir selon le goût
- Une pincée de noix de muscade

Préparation

1. Faites cuire les fleurettes de chou-fleur dans de l'eau bouillante salée pendant 5 à 7 minutes. Égouttez-les bien et mettez-les dans un grand bol.
2. Mélangez les fleurettes avec la crème fraîche, l'ail haché, le sel, le poivre et une pincée de noix de muscade.
3. Ajoutez la moitié du fromage râpé (gruyère ou cheddar) aux fleurettes et mélangez jusqu'à ce que le fromage commence légèrement à fondre.
4. Transférez le mélange dans un plat adapté à votre Ninja. Saupoudrez le dessus avec le parmesan râpé et le reste du fromage. Placez le plat dans la Zone 1.
5. Sélectionnez **BAKE** à 180°C pendant 20 minutes. Appuyez sur START/STOP pour commencer la cuisson. Vérifiez vers la fin pour vous assurer que la surface soit dorée et croustillante à votre goût.
6. Une fois que le gratin de chou-fleur est doré et que les bords bouillonnent légèrement, servez-le immédiatement.

RATATOUILLE DE LÉGUMES

 Préparation 20 min 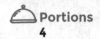 **Cuisson** 25 min **Portions** 4

Ingrédients

- 1 grosse aubergine, coupée en dés
- 2 courgettes moyennes, coupées en dés
- 1 poivron rouge, coupé en dés
- 1 poivron jaune, coupé en dés
- 400 g de tomates pelées
- en conserve, écrasées
- 2 gousses d'ail, hachées
- 30 ml d'huile d'olive extra vierge
- Sel et poivre noir selon le goût
- 1 c. à c. de thym et de romarin

Préparation

1. Dans un grand bol, mélangez les dés d'aubergine, de courgette et de poivrons. Ajoutez l'huile d'olive, le sel, le poivre, le thym et le romarin. Remuez bien et laissez mariner environ 10 minutes.
2. Placez les légumes marinés dans la Zone 1 de votre Ninja, en évitant de les superposer trop. Répartissez les tomates et l'ail haché sur les légumes.
3. Sélectionnez le mode **ROAST** à 200°C et réglez le minuteur à 25 minutes. Appuyez sur START/STOP pour commencer la cuisson.
4. Remuez les légumes à mi-cuisson pour garantir une cuisson uniforme.
5. Servez la ratatouille chaude, soit en accompagnement principal, soit comme plat unique pour un dîner léger.

PETITS POIS À LA MENTHE

 Préparation 5 min   **Cuisson** 10 min **Portions** 4

Ingrédients

- 400 g de petits pois surgelés
- 30 g de beurre
- Une pincée de sel
- Environ 2 c. à s. de feuilles de menthe fraîche hachées

Préparation

1. Placez les petits pois surgelés dans le panier de la Zone 1 de votre Ninja Dual Zone.
2. Sélectionnez **MAX CRISP** et réglez la température à 240 °C pour 10 minutes. Appuyez sur START/STOP pour lancer la cuisson.
3. Pendant la cuisson des petits pois, hachez finement les feuilles de menthe fraîche. Faites fondre le beurre dans un grand bol.
4. Une fois cuits, transférez immédiatement les petits pois chauds dans le bol avec le beurre fondu. Ajoutez le sel et les feuilles de menthe hachées.
5. Mélangez bien et servez les petits pois à la menthe tout de suite, tant qu'ils sont encore chauds et parfumés.

LÉGUMES GRILLÉS

 Préparation 15 min **Cuisson** 25 min **Portions** 6

Ingrédients

- 2 poivrons rouges, coupés en lanières
- 2 poivrons jaunes, coupés en lanières
- 2 courgettes moyennes, coupées en rondelles
- 2 aubergines moyennes, coupées en rondelles

- 60 ml d'huile d'olive extra vierge
- 2 gousses d'ail, hachées
- Sel et poivre noir au goût
- Feuilles de basilic pour garnir

Préparation

1. Dans un grand bol, mélangez tous les légumes coupés avec l'huile d'olive, l'ail haché, le sel et le poivre.
2. Disposez la moitié des légumes assaisonnés dans le panier grill de la Zone 1, et l'autre moitié dans le panier de la Zone 2.
3. Sélectionnez **ROAST**, réglez la température à 200 °C et le temps de cuisson à 25 minutes. Utilisez le bouton MATCH pour dupliquer les réglages sur la Zone 2, puis lancez la cuisson en appuyant sur START/STOP.
4. Mélangez ou retournez les légumes à mi-cuisson pour obtenir un brunissement uniforme de chaque côté.
5. Garnissez de quelques feuilles de basilic et servez les légumes grillés comme accompagnement principal ou avec de la viande ou du poisson.

POMMES DE TERRE HASSELBACK

 Préparation 15 min **Cuisson** 40 min **Portions** 8

Ingrédients

- 8 pommes de terre de taille moyenne, bien nettoyées
- 100 ml d'huile d'olive extra vierge
- 4 gousses d'ail, finement hachées

- 2 c. à. s. de romarin frais haché
- 2 c. à. s. de thym frais haché
- Sel marin et poivre noir au goût

Préparation

1. Faites des incisions fines et parallèles dans chaque pomme de terre, en veillant à ne pas les trancher complètement pour garder la base intacte.
2. Mélangez l'huile d'olive avec l'ail, le romarin, le thym, le sel et le poivre dans un bol. Badigeonnez les pommes de terre avec la moitié du mélange d'huile et d'herbes, en veillant à bien faire pénétrer dans les incisions.
3. Disposez les pommes de terre en une seule couche dans les paniers de chaque zone de la Ninja.
4. Sélectionnez **ROAST** à 200 °C pendant 40 minutes. Utilisez le bouton MATCH pour dupliquer les paramètres de la Zone 1 vers la Zone 2. Appuyez sur START/STOP pour lancer la cuisson.
5. À mi-cuisson, badigeonnez les pommes de terre avec le reste du mélange d'huile et d'herbes pour les assaisonner uniformément.
6. Les pommes de terre sont prêtes lorsqu'elles sont croustillantes à l'extérieur et tendres à l'intérieur.

CROQUETTES DE POMMES DE TERRE

 Préparation
5 min

Cuisson
15 min

Portions
8

Ingrédients

- 800 g de croquettes de pommes de terre surgelées

Préparation

1. Il n'est pas nécessaire de décongeler les croquettes avant la cuisson, ce qui permet une préparation rapide et pratique.
2. Disposez la moitié des croquettes surgelées en une seule couche dans les paniers des Zones 1 et 2 de votre Ninja, en veillant à laisser suffisamment d'espace entre elles pour une cuisson uniforme.
3. Sélectionnez **MAX CRISP** à 240 °C pendant 15 minutes. Utilisez le bouton MATCH pour dupliquer les réglages de la Zone 1 vers la Zone 2.
4. Appuyez sur START/STOP pour lancer la cuisson simultanée dans les deux zones. Il n'est pas nécessaire de retourner les croquettes pendant la cuisson.
5. Laissez-les reposer une minute avant de les servir avec vos sauces préférées.

AUBERGINES FARCIES À LA MOZZARELLA

 Préparation
10 min

 Cuisson
20 min

Portions
4

Ingrédients

- 2 grandes aubergines (environ 800 g en tout)
- 2 c. à s. d'huile d'olive
- 150 g de sauce tomate au basilic
- 200 g de tomates cerises, coupées en quartiers
- 15 g de feuilles de basilic, finement hachées
- 200 g de mozzarella, coupée en dés
- Sel et poivre à votre goût

Préparation

1. Coupez les aubergines en deux dans le sens de la longueur et enlevez le pédoncule. Badigeonnez la chair avec l'huile d'olive et assaisonnez de sel et de poivre.
2. Insérez une grille de cuisson dans chaque panier et placez les aubergines coupées côté chair vers le bas dans les paniers.
3. Sélectionnez "ROAST", réglez la température à 190 °C, le temps de cuisson à 20 minutes, puis utilisez "MATCH". Lancez la cuisson.
4. Une fois cuites, retirez délicatement la chair des aubergines avec une cuillère.
5. Dans un bol, mélangez la chair avec la sauce tomate, la mozzarella et le basilic haché. Assaisonnez avec du sel et du poivre. Remplissez les moitiés d'aubergine avec la préparation.
6. Replacez les aubergines farcies dans les paniers, le côté garni vers le haut. Réglez votre Ninja sur "**AIR FRY**" à 200 °C pendant 10 minutes, utilisez "MATCH" et recommencez la cuisson.
7. Servez les aubergines bien chaudes, accompagnées d'une salade fraîche.

POMMES DE TERRE FARCIES AU CHEDDAR ET À LA PANCETTA

 Préparation
15 min

 Cuisson
40 min

🍽 **Portions**
4

Préparation

1. Lavez les pommes de terre et piquez-les avec une fourchette. Placez-les dans la Zone 1 de l'appareil sur une plaque de cuisson. Mélangez les oignons et la pancetta, et mettez-les dans le panier de la Zone 2.
2. Réglez la Zone 1 sur "**ROAST**" à 200 °C pour 40 minutes. Pour l'oignon et la pancetta dans la Zone 2, sélectionnez "**AIR FRY**" à 200 °C pour 15 minutes. Choisissez SYNC et appuyez sur le bouton pour démarrer la cuisson.
3. Après 20 minutes, retournez les pommes de terre. Au bout de 15 minutes supplémentaires, mélangez le contenu de la Zone 2.
4. Une fois cuites, laissez refroidir les pommes de terre, puis coupez-les en deux et évidez-les délicatement avec une cuillère. Dans un bol, mélangez la chair des pommes de terre avec la crème fraîche, la pancetta, l'oignon, le cheddar râpé, le sel et le poivre.
5. Remplissez les peaux évidées avec le mélange préparé et recouvrez de tranches de cheddar.
6. Placez la plaque de cuisson dans le panier de la Zone 2, divisez les pommes de terre entre les deux paniers et placez-les dans l'unité. Tournez le bouton pour sélectionner AIR FRY, réglez la température à 200 °C et le temps de cuisson à 8 minutes, puis sélectionnez MATCH. Appuyez sur START/STOP pour démarrer la cuisson.
7. Servez les pommes de terre farcies chaudes, accompagnées d'une salade fraîche.

Ingrédients

- 4 grosses pommes de terre (250-300 g chacune)
- 1 oignon, coupé en dés
- 200 g de pancetta fumée, coupée en petits morceaux
- 100 g de cheddar râpé
- 100 g de cheddar en tranches
- 2 c. à s. de crème fraîche
- Sel et poivre à votre goût

ARANCINI AU JAMBON, CHAMPIGNONS ET GRUYÈRE

 **Préparation**
45 min

 Cuisson
20 min

 Portions
12

Préparation

1. Faire bouillir le riz dans de l'eau salée pendant environ 15-20 minutes. Égoutter et mélanger avec le beurre et le parmesan, puis laisser refroidir.
2. Dans une poêle, chauffer l'huile d'olive et sauter les champignons jusqu'à ce que l'eau s'évapore. Ajouter l'ail et cuire pendant 2 minutes supplémentaires. Laisser refroidir.
3. Une fois refroidi, incorporer au riz les champignons, le jambon, le persil et les œufs. Saler et poivrer au goût. Étaler le mélange sur un plateau et laisser refroidir au réfrigérateur.
4. Diviser le mélange en 12 parties égales. Humidifier les mains avec de l'eau froide et former des boules.
5. Insérer un cube de gruyère au centre de chaque boule et bien sceller le riz autour du fromage.
6. Préparer les paniers avec un spray d'huile. Rouler chaque arancini dans la chapelure panko et les placer dans les paniers.
7. Sélectionner la Zone 1 et régler la NINJA sur **"AIR FRY"** à 190 °C pendant 20 minutes, en utilisant l'option MATCH. Démarrer la cuisson avec START/STOP.
8. Servir les arancini chauds comme entrée ou plat principal.

Ingrédients

- 250 g de riz
- 50 g de beurre
- 50 g de parmesan râpé
- 2 c. à. c. d'huile d'olive
- 250 g de champignons de Paris, hachés
- 2 gousses d'ail, hachées
- 90 g de jambon coupé en dés
- 25 g de persil frais, haché
- 2 œufs moyens, battus
- 50 g de fromage gruyère, coupé en 12 cubes
- Sel et poivre noir au goût
- 75-100 g de chapelure panko

PANAIS FRITS AU PERSIL

 Préparation
15 min

Cuisson
20 min

Portions
6

Ingrédients

- 1 kg de panais, pelés et coupés en juliennes
- 30 ml d'huile d'olive extra vierge
- Sel et poivre noir au goût
- Persil haché pour garnir

Préparation

1. Après avoir pelé et coupé les panais en juliennes, les placer dans un grand bol. Ajouter l'huile d'olive, le sel et le poivre. Bien mélanger.
2. Répartir la moitié des juliennes de panais dans le panier de la Zone 1 et l'autre moitié dans la Zone 2 de votre Ninja.
3. Sélectionner la fonction **AIR FRY** à 200°C pour 20 minutes. Utiliser le bouton MATCH pour régler automatiquement les mêmes conditions de cuisson dans la Zone 2. Appuyer sur START/STOP pour démarrer la cuisson.
4. Retourner les juliennes de panais à mi-cuisson. Laisser refroidir quelques minutes avant de servir. Accompagner de sauces au choix et garnir de persil haché.

CHAMPIGNONS FARCIS

 Préparation
20 min

Cuisson
15 min

Portions
4

Ingrédients

- 16 gros champignons de Paris sans pieds
- 200 g de fromage à la crème
- 100 g de bacon, finement haché
- 50 g de parmesan râpé
- 2 gousses d'ail, finement hachées
- 2 c. à. s. de persil frais haché
- Sel et poivre noir à goût
- 15 ml d'huile d'olive

Préparation

1. Dans un bol, mélanger le fromage à la crème, le bacon, le parmesan, l'ail, le persil, le sel et le poivre jusqu'à obtenir une consistance homogène.
2. À l'aide d'une cuillère à café, remplir chaque champignon avec le mélange de fromage.
3. Badigeonner légèrement le fond des champignons avec de l'huile d'olive pour éviter qu'ils ne collent au panier. Disposer la moitié des champignons farcis en une seule couche dans le panier de la Zone 1 et l'autre moitié dans la Zone 2.
4. Sélectionner **ROAST** à 180°C pendant 15 minutes. Utiliser le bouton MATCH pour reproduire automatiquement les mêmes paramètres de cuisson dans la Zone 2 et démarrer la cuisson avec START/STOP.
5. Les champignons sont prêts lorsque la farce est dorée et que les champignons sont tendres.
6. Laisser reposer quelques minutes avant de servir, garnis de persil haché supplémentaire.

GOUGÈRES AU FROMAGE

 Préparation
15 min

 Cuisson
25 min

Portions
24

Préparation

1. Dans une casserole moyenne, porter à ébullition l'eau, le beurre, le sel et le sucre.

2. Réduire le feu à moyen et ajouter toute la farine en remuant énergiquement jusqu'à ce que la pâte se détache des parois de la casserole. Continuer à cuire pendant environ 2 minutes.

3. Transférer la pâte dans un bol et laisser refroidir quelques minutes. Ajouter les œufs un à un, en mélangeant bien après chaque ajout. Incorporer le gruyère râpé et une pincée de piment de Cayenne.

4. Préparer deux feuilles de papier cuisson découpées pour s'adapter aux paniers des Zones 1 et 2 de la Ninja.

5. À l'aide d'une poche à douille, former de petits tas de pâte sur les feuilles de papier cuisson. Placer les feuilles dans les paniers des deux Zones.

6. Sélectionner la fonction "**BAKE**", régler la température à 190 °C et le temps de cuisson à 25 minutes.

7. Utiliser le bouton MATCH pour dupliquer les paramètres de la Zone 1 à la Zone 2. Appuyer sur START/STOP pour démarrer la cuisson.

8. Cuire jusqu'à ce que les gougères soient gonflées et dorées. Servir chaudes en apéritif ou en entrée.

Ingrédients

- 150 ml d'eau
- 75 g de beurre, coupé en morceaux
- 1 c. à. c. de sel
- 1 c. à. c. de sucre
- 100 g de farine
- 3 grands œufs
- 100 g de fromage gruyère râpé
- Une pincée de piment de Cayenne (optionnel)

BRUSCHETTA TOMATE ET BASILIC

 Préparation
10 min

Cuisson
8 min

Portions
6

Ingrédients

- 6 tranches de pain
- 3 tomates mûres, coupées en dés
- 2 gousses d'ail, une hachée et une entière

- 15 ml d'huile d'olive extra vierge
- Feuilles de basilic frais
- Sel et poivre noir à goût

Préparation

1. Dans un bol, mélanger délicatement les tomates en dés, l'ail haché, l'huile d'olive, le basilic, le sel et le poivre. Laisser reposer pendant 5 minutes.
2. Badigeonner légèrement les tranches de pain des deux côtés avec de l'huile d'olive. Disposer 3 tranches de pain dans la Zone 1 et les 3 autres dans la Zone 2 de la Ninja Dual Zone.
3. Sélectionner **AIR FRY**, régler la température à 180°C pendant 7 minutes et appuyer sur START/STOP après avoir sélectionné le bouton "MATCH".
4. Une fois cuites, frotter délicatement un côté de chaque tranche de pain avec la gousse d'ail entière.
5. Disposer les tranches de pain sur un plat de service et répartir uniformément le mélange de tomates et basilic sur chaque tranche.

NUGGETS DE POULET

 **Préparation**
5 min

Cuisson
12-15 min

Portions
4

Ingrédients

- 500 g de nuggets de poulet surgelés

Préparation

1. Disposer les nuggets de poulet dans le panier de la Zone 1 après l'avoir légèrement pulvérisé avec de l'huile en spray.
2. Sélectionner **MAX CRISP** à 240°C. Régler le minuteur sur 12-15 minutes. Appuyer sur START/STOP pour démarrer la cuisson.
3. Vérifier les nuggets à mi-cuisson et, si nécessaire, les retourner pour assurer une dorure uniforme.
4. Les nuggets de poulet sont prêts lorsqu'ils sont dorés et croustillants à l'extérieur.
5. Servir les nuggets de poulet chauds, accompagnés de sauces au choix telles que ketchup, mayonnaise ou sauce BBQ.

BOULETTES DE HAGGIS ET POIVRONS RÔTIS

 Préparation 20 min   **Cuisson** 25 min   **Portions** 4

Ingrédients

- 500 g de haggis, déjà cuit et refroidi
- 100 g de chapelure
- 1 œuf, battu
- Farine, pour enrober
- 1 poivron rouge,

- coupé en tranches
- 1 poivron jaune, coupé en tranches
- 2 c. à. s. d'huile d'olive
- Sel et poivre noir à goût

Préparation

1. Diviser le haggis en portions d'environ 50 g chacune et former des boulettes.
2. Passer chaque boulette d'abord dans la farine, puis dans l'œuf battu, et enfin dans la chapelure.
3. Dans un bol, assaisonner les tranches de poivron avec l'huile d'olive, le sel et le poivre.
4. Disposer les boulettes de haggis dans le panier de la Zone 1, sans les superposer. Disposer les tranches de poivrons dans le panier de la Zone 2.
5. Sélectionner **ROAST** à 180°C pendant 25 minutes pour la Zone 1. Dans la Zone 2, sélectionner **ROAST** et régler la température à 170°C pendant 15 minutes. Sélectionner SYNC et démarrer la cuisson avec START/STOP.
6. Les boulettes de haggis sont prêtes lorsqu'elles sont dorées et croustillantes à l'extérieur, tandis que les poivrons devraient être tendres et légèrement caramélisés.

FRITES CLASSIQUES

 **Préparation** 15 min   **Cuisson** 15-20 min   **Portions** 4

Ingrédients

- 1 kg de frites surgelées

Préparation

1. Disposer les frites surgelées dans le panier de la Zone 1 de la Ninja.
2. Sélectionner l'option **MAX CRISP** avec la température réglée à 240°C.
3. Régler le minuteur sur 15-20 minutes, en fonction de la quantité de frites et du niveau de croustillant désiré. Appuyer sur START/STOP pour démarrer la cuisson.
4. Il est conseillé de secouer le panier ou de retourner les frites à mi-cuisson pour assurer qu'elles deviennent uniformément croustillantes sur tous les côtés.
5. Les laisser refroidir pendant 1-2 minutes dans le panier avant de les servir, ce qui leur permet de devenir encore plus croustillantes.

CROQUE MONSIEUR CLASSIQUE

 **Préparation**
10 min

 Cuisson
8 min

 Portions
4

Préparation

1. Faire fondre 25 g de beurre dans une petite casserole. Ajouter 25 g de farine et bien mélanger.
2. Verser progressivement 200 ml de lait chaud, en remuant constamment jusqu'à ce que la sauce épaississe. Assaisonner de sel, de poivre et d'une pincée de noix de muscade. Réserver.
3. Tartiner légèrement chaque tranche de pain avec du beurre. Sur quatre tranches de pain, répartir une portion du fromage râpé et une tranche de jambon sur chacune.
4. Couvrir le jambon avec une autre couche de fromage et étaler un peu de béchamel sur le fromage. Fermer avec les tranches de pain restantes, côté beurré à l'extérieur. Saupoudrer l'extérieur avec du fromage râpé supplémentaire et un peu de béchamel.
5. Placer deux sandwichs dans le panier de la Zone 1 et deux dans le panier de la Zone 2 de la Ninja Dual Zone.
6. Sélectionner la fonction "**AIR FRY**", régler la température à 180 °C et le temps de cuisson à 8 minutes.
7. Utiliser le bouton MATCH pour répliquer les paramètres de cuisson de la Zone 1 à la Zone 2 et démarrer la cuisson avec START/STOP.
8. Cuire jusqu'à ce que les sandwichs soient dorés et croustillants à l'extérieur, et que le fromage soit fondu à l'intérieur.

Ingrédients

- 8 tranches de pain de mie
- 4 tranches de jambon cuit
- 200 g de fromage Gruyère râpé
- 50 g de beurre mou
- 200 ml de sauce béchamel
- Sel et poivre noir fraîchement moulu, au goût
- Noix de muscade (optionnelle)

CHIPS AU SEL ET VINAIGRE

 Préparation
20 min

Cuisson
20 min

Portions
4

Ingrédients

- 500 g de pommes de terre, pelées et tranchées finement
- Vinaigre de cidre de pomme
- Sel fin à goût
- Huile végétale en spray

Préparation

1. Plonger les tranches de pommes de terre dans un bol et les couvrir complètement de vinaigre de cidre de pomme. Les laisser tremper pendant au moins 20 minutes.
2. Après 20 minutes, égoutter les pommes de terre du vinaigre et les sécher soigneusement avec un torchon propre.
3. Vaporiser les pommes de terre d'un filet d'huile et les saupoudrer généreusement de sel marin. Ensuite, les disposer dans le panier de la Zone 1 de la Ninja.
4. Sélectionner **AIR FRY** et régler la température à 200°C pendant 15-20 minutes. Appuyer sur START/STOP pour démarrer la cuisson.
5. À mi-cuisson, ouvrir la friteuse et secouer le panier pour assurer une dorure uniforme.
6. Les chips sont prêtes lorsqu'elles sont dorées et croustillantes. Les laisser refroidir quelques minutes dans le panier avant de servir.

MINI QUICHES LORRAINE

 Préparation
20 min

 Cuisson
15 min

Portions
12

Ingrédients

- 1 rouleau de pâte feuilletée
- 100 g de lardons fumés, coupés en dés
- 100 g de fromage gruyère râpé

- 3 grands œufs
- 200 ml de crème fraîche
- Sel et poivre noir fraîchement moulu
- Noix de muscade râpée, au goût

Préparation

1. Étaler la pâte feuilletée et découper 12 disques suffisants pour garnir les moules à muffins. Placer la pâte dans les moules individuels, en appuyant bien sur le fond et les côtés.
2. Dans une poêle, faire revenir les lardons jusqu'à ce qu'ils soient croustillants. Répartir uniformément les lardons dans les fonds de tarte. Saupoudrer le fromage gruyère râpé sur les lardons dans chaque moule.
3. Dans un bol, battre les œufs avec la crème, le sel, le poivre et une pincée de noix de muscade. Verser le mélange d'œufs dans les fonds de tarte, en les remplissant jusqu'à un peu en dessous du bord.
4. Placer 6 mini quiches dans le panier de la Zone 1 et 6 dans le panier de la Zone 2, préalablement huilés avec un spray.
5. Sélectionner la fonction "**BAKE**", régler la température à 180 °C et le minuteur à 15 minutes.
6. Utiliser le bouton MATCH pour dupliquer les réglages également à la Zone 2 et démarrer la cuisson avec START/STOP.
7. Cuire pendant environ 15 minutes ou jusqu'à ce que les mini quiches soient dorées.
8. Retirer les mini quiches des paniers et les laisser refroidir légèrement avant de servir.

MACARONS

🕐 **Préparation**
40 min

🍲 **Cuisson**
15 min

🍽 **Portions**
30

Préparation

1. Tamiser ensemble la poudre d'amandes et le sucre glace pour éliminer les grumeaux. Mettre de côté.
2. Dans un grand bol, monter les blancs d'œufs avec une pincée de sel jusqu'à ce qu'ils forment des pics mous. Ajouter progressivement le sucre en poudre et continuer à battre jusqu'à obtenir des pics fermes et brillants. Si désiré, ajouter le colorant alimentaire.
3. Incorporer délicatement le mélange de poudre d'amandes et de sucre glace aux blancs montés, en utilisant une spatule et en faisant des mouvements délicats de bas en haut jusqu'à ce que le mélange soit lisse et brillant.
4. Transférer la pâte dans une poche à douille avec une douille ronde et former des petits disques sur 2 plaques adaptées à la Ninja recouvertes de papier sulfurisé.
5. Laisser reposer les coques formées à température ambiante pendant 30 minutes, jusqu'à ce qu'une légère croûte se forme. Placer les plaques dans les paniers des Zones 1 et 2.
6. Sélectionner la fonction "**BAKE**", régler la température à 150°C et le temps de cuisson à 15 minutes. Utiliser le bouton MATCH pour répliquer les réglages et démarrer la cuisson en appuyant sur START/STOP.
7. Une fois cuits, laisser refroidir ; puis associer les coques de macarons par paires de tailles similaires.
8. Garnir une moitié de chaque paire avec la garniture choisie, puis couvrir délicatement avec l'autre moitié.

Ingrédients

- 110 g de poudre d'amandes
- 200 g de sucre glace
- 100 g de blancs d'œufs (environ 3 gros œufs)
- 50 g de sucre en poudre
- Colorants alimentaires (facultatif pour différentes couleurs)
- 1 pincée de sel

Garniture

- Ganache ou crème au beurre de votre choix

MADELEINES

 Préparation **15 min**   **Cuisson** **10 min**   **Portions** **24**

Ingrédients

- 130 g de farine
- 130 g de sucre
- 100 g de beurre, fondu et refroidi
- 3 gros œufs
- 1 c. à. c. d'extrait de vanille

- 1 citron, zeste râpé
- 1 pincée de sel
- 1/2 c. à. c. de levure chimique

Préparation

1. Dans un grand bol, battre les œufs avec le sucre jusqu'à ce qu'ils deviennent pâles et mousseux. Ajouter l'extrait de vanille et le zeste de citron.
2. Tamiser ensemble la farine, la levure et le sel. Les ajouter progressivement au mélange d'œufs, en remuant délicatement.
3. Ajouter le beurre fondu et mélanger jusqu'à obtenir une pâte homogène. Couvrir la pâte et la laisser reposer au réfrigérateur pendant au moins 1 heure.
4. Préparer les paniers des Zones 1 et 2 de la Ninja Dual Zone en graissant légèrement les moules à madeleines. Remplir chaque moule aux 3/4 avec la pâte refroidie.
5. Sélectionner la fonction "BAKE", régler la température à 190°C et le temps de cuisson à 10 minutes.
6. Utiliser le bouton MATCH pour dupliquer les réglages et démarrer la cuisson en appuyant sur START/STOP.
7. Cuire les madeleines jusqu'à ce qu'elles soient dorées et légèrement bombées. Sortir du four et laisser refroidir légèrement avant de démouler les madeleines.

PAIN D'ÉPICES

 Préparation **15 min**   **Cuisson** **50 min**   **Portions** **10**

Ingrédients

- 250 g de farine complète
- 200 g de miel
- 100 g de sucre de canne
- 1 verre de lait entier (environ 240 ml)
- 1 œuf

- 1 c. à. c. de bicarbonate de soude
- 2 c. à. c. d'épices (cannelle, clous de girofle, noix de muscade, gingembre)
- 1 pincée de sel

Préparation

1. Dans un grand bol, mélanger le miel, le sucre de canne et le lait. Chauffer légèrement au micro-ondes ou au bain-marie pour ramollir le miel.
2. Ajouter l'œuf au mélange de miel et de lait et bien battre. Dans un autre bol, mélanger la farine, le bicarbonate de soude, les épices et le sel.
3. Incorporer progressivement les ingrédients secs au mélange liquide, en remuant jusqu'à obtenir une pâte homogène.
4. Verser la pâte dans un moule à cake préalablement beurré ou recouvert de papier sulfurisé.
5. Placer le moule dans la Megazone de la Ninja Foodi, après avoir retiré le séparateur.
6. Sélectionner **BAKE**, régler la température à 160°C et le minuteur à 50 minutes. Régler la Ninja sur "MEGAZONE" et démarrer la cuisson en appuyant sur START/STOP.
7. Une fois cuit, retirer le pain d'épices du four et le laisser refroidir complètement avant de le démouler.
8. Couper en tranches et servir.

GALETTE DES ROIS

 Préparation
20 min

Cuisson
30 min

Portions
8-10

Ingrédients

- 2 disques de pâte feuilletée prête à l'emploi
- 125 g de beurre mou
- 125 g de sucre
- 125 g de poudre
- d'amandes
- 2 gros œufs
- 1 jaune d'œuf pour la dorure
- 1 c. à. c. d'extrait d'amande amère

Préparation

1. Dans un bol, mélanger le beurre jusqu'à obtenir une consistance homogène. Ajouter la poudre d'amandes, les œufs et l'extrait d'amande, en remuant jusqu'à obtenir une crème lisse.
2. Étaler un des disques de pâte feuilletée sur une plaque recouverte de papier sulfurisé et adaptée à la Ninja.
3. Verser la crème d'amandes au centre de la pâte feuilletée, en laissant un bord d'environ 2 cm.
4. Couvrir avec le deuxième disque de pâte feuilletée. Sceller les bords en pressant avec les doigts ou avec les dents d'une fourchette.
5. Badigeonner la surface avec le jaune d'œuf battu pour donner de la brillance.
6. Avec la pointe d'un couteau, dessiner des motifs délicats en spirale ou autres décorations sur le dessus, en faisant attention à ne pas percer la pâte.
7. Sélectionner la fonction "**BAKE**" et régler la température à 180°C. Régler la Ninja sur "MEGAZONE" et le minuteur à 30 minutes. Démarrer la cuisson en appuyant sur START/STOP.
8. La galette des rois est prête lorsque la surface est dorée. Laisser refroidir légèrement avant de servir.

PETITS FOURS AU CHOCOLAT

 Préparation
30 min

Cuisson
10 min

Portions
24

Ingrédients

- 125 g de beurre mou
- 125 g de sucre glace
- 1 c. à. c. d'extrait de vanille
- 3 œufs
- 150 g de farine
- 1 c. à. c. de levure chimique
- 2 c. à. s. de cacao en poudre
- 200 g de chocolat noir pour le glaçage
- Pépites de chocolat ou vermicelles pour décorer

Préparation

1. Dans un grand bol, battre le beurre avec le sucre glace jusqu'à obtenir un mélange clair et mousseux. Ajouter l'extrait de vanille et les œufs.
2. Tamiser ensemble la farine, la levure chimique et le cacao. Incorporer progressivement les ingrédients secs au mélange de beurre et d'œufs. Transférer la pâte dans une poche à douille munie d'une douille ronde.
3. Préparer deux plaques adaptées à la Ninja avec du papier sulfurisé légèrement huilé.
4. Former des petits disques de pâte sur les plaques, en laissant de l'espace entre chaque disque.
5. Régler la Ninja Dual Zone en mode "**BAKE**" à 180°C. Placer les 2 plaques dans les deux zones de la Ninja.
6. Régler le minuteur à 10 minutes et utiliser le bouton MATCH pour reproduire les réglages de cuisson de la zone 1 à la zone 2. Démarrer la cuisson en appuyant sur START/STOP.
7. Après la cuisson, laisser refroidir pendant environ 15 minutes. Une fois refroidis, faire fondre le chocolat noir au bain-marie ou au micro-ondes.
8. Tremper le dessus de chaque petit four dans le chocolat fondu, puis saupoudrer de pépites de chocolat ou de vermicelles.
9. Laisser le chocolat se solidifier avant de servir.

SOUFFLÉ AU CHOCOLAT

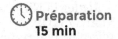 **Préparation**
15 min

 Cuisson
12 min

 Portions
2

Préparation

1. Beurrer deux ramequins avec du beurre et saupoudrer l'intérieur de sucre, en éliminant l'excédent.
2. Dans une petite casserole, faire fondre le chocolat et le beurre au bain-marie, en remuant jusqu'à ce qu'ils soient lisses. Laisser refroidir légèrement.
3. Ajouter les jaunes d'œufs au mélange de chocolat, un à la fois, en remuant bien après chaque ajout.
4. Dans un bol sec, battre les blancs d'œufs avec une pincée de sel et de crème de tartre jusqu'à ce qu'ils forment des pics mous. Ajouter graduellement 2 c. à. s. de sucre, en continuant de battre.
5. Incorporer délicatement un tiers des blancs montés au mélange de chocolat. Puis ajouter le reste des blancs, en mélangeant doucement.
6. Répartir le mélange entre les ramequins préparés, en nivelant le dessus avec une spatule.
7. Placer les ramequins dans la Zone 1 de la Ninja. Sélectionner "**BAKE**", régler le minuteur à 12 minutes et la température à 190°C.
8. Appuyer sur START/STOP et cuire pendant environ 12 minutes ou jusqu'à ce que les soufflés soient gonflés.
9. Saupoudrer les soufflés de sucre glace et servir immédiatement.

Ingrédients

- 100 g de chocolat noir de bonne qualité
- 2 c. à. s. de beurre, plus un peu pour beurrer les ramequins
- 2 c. à. s. de sucre, plus un peu pour saupoudrer
- 2 gros œufs, jaunes et blancs séparés
- 1 c. à. s. de sucre glace
- 1/2 c. à. c. d'extrait de vanille
- 1 pincée de sel
- 1 pincée de crème de tartre (optionnel, aide à stabiliser les blancs d'œufs)

CHIPS DE POMMES

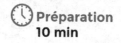 **Préparation**
10 min

 **Cuisson**
15-18 min

 Portions
4

Ingrédients

- 3 grandes pommes
- 1 c. à. c. de cannelle en poudre
- 1 c. à. s. de sucre de canne (optionnel)
- Une pincée de sel

Préparation

1. Laver les pommes et les sécher complètement. Utiliser une mandoline ou un couteau bien aiguisé pour trancher les pommes très finement, en enlevant le trognon.
2. Dans un grand bol, mélanger délicatement les tranches de pommes avec la cannelle, le sucre de canne et une pincée de sel jusqu'à ce qu'elles soient uniformément enrobées.
3. Disposer les tranches de pommes dans le panier de votre Ninja et sélectionner **AIR FRY**, en réglant la température à 160°C. Régler le minuteur sur 15-18 minutes et démarrer la cuisson.
4. À mi-cuisson, il est conseillé d'ouvrir le panier de la Ninja et de retourner délicatement les tranches de pommes pour assurer une dorure uniforme.
5. Les chips de pommes sont prêtes lorsqu'elles sont croustillantes et légèrement dorées sur les bords. Laisser refroidir complètement dans le panier avant de les servir.

TARTE AUX POIRES ET AUX AMANDES

 Préparation
30 min

Cuisson
20 min

 Portions
6

Ingrédients

- 1 rouleau de pâte sablée prête à l'emploi
- Beurre pour graisser les moules à tartelettes
- 100 g de beurre mou
- 100 g de sucre glace
- 100 g de poudre d'amandes
- 2 œufs
- 1 c. à. c. d'extrait de vanille
- 3 poires moyennes, pelées, coupées en deux et tranchées
- 50 g d'amandes effilées
- Sucre glace pour décorer

Préparation

1. Étaler la pâte sablée et découper des cercles pour s'adapter aux moules à tartelettes. Beurrer légèrement les moules et les tapisser avec la pâte. Piquer le fond avec une fourchette pour éviter qu'il ne gonfle pendant la cuisson.
2. Dans un bol, mélanger le beurre et le sucre glace jusqu'à obtenir un mélange homogène. Ajouter la poudre d'amandes, les œufs et l'extrait de vanille, en mélangeant jusqu'à obtenir une crème lisse.
3. Remplir chaque fond de tarte avec la crème d'amandes. Disposer délicatement les tranches de poire sur la crème d'amandes.
4. Placer les tartelettes dans la Zone 1 de la Ninja Dual Zone et sélectionner **BAKE** à 180°C pendant 20 minutes.
5. Dans la Zone 2 de la friteuse à air, disposer les amandes effilées. Sélectionner le mode **ROAST** à 160°C pendant 5 minutes.
6. Sélectionner SYNC et démarrer la cuisson en appuyant sur START/STOP.
7. Une fois que les tartelettes sont cuites et refroidies, les saupoudrer de sucre glace.
8. Garnir chaque tartelette avec les amandes effilées grillées avant de servir.

BROWNIE AU CHOCOLAT ET BEURRE DE CACAHUÈTES

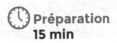 **Préparation**
15 min

 **Cuisson**
35-40min

 Portions
8-10

Préparation

1. Graisser le panier de la zone 1 avec de l'huile et le tapisser de papier sulfurisé.
2. Mettre de côté 40 g de beurre de cacahuètes et 30 g de chocolat. Faire fondre le reste du chocolat, le beurre et le beurre de cacahuètes dans une casserole au bain-marie ou à feu très doux, puis laisser refroidir.
3. Battre le sucre et les œufs dans un bol jusqu'à obtenir une consistance mousseuse. Incorporer le mélange de chocolat et mélanger.
4. Tamiser la farine et le cacao sur le mélange et remuer délicatement avec une grande cuillère. Verser la pâte dans le panier tapissé.
5. Faire fondre le beurre de cacahuètes restant et le verser en filet sur la surface de la pâte.
6. Insérer le panier de la zone 1 dans l'appareil. Dans la zone 1, sélectionner **BAKE**, régler la température à 160°C et le temps à 35-40 minutes. Appuyer sur le bouton START/STOP pour démarrer la cuisson.
7. Vérifier les brownies vers la fin du temps de cuisson ; ils sont prêts lorsque la surface est légèrement tendre au toucher.
8. Faire fondre le chocolat restant au micro-ondes pendant 20 secondes, mélanger, puis répartir sur les brownies.
9. Laisser refroidir complètement avant de retirer les brownies du panier, les couper en carrés et les servir.

Ingrédients

- 80 g de beurre de cacahuètes
- 40 g de beurre
- 120 g de chocolat noir
- 180 g de sucre en poudre
- 2 gros œufs, battus
- 60 g de farine avec levure incorporée
- 30 g de cacao en poudre

GÂTEAU AU CITRON

Préparation
15 min

Cuisson
35-40 min

Portions
6-8

Ingrédients

- 150 g de beurre mou, plus un peu pour graisser
- 150 g de sucre en poudre
- 3 gros œufs
- 150 g de farine avec

- levure incorporée
- Zeste râpé de 2 citrons
- 1 c. à. c. de levure chimique
- 100 g de sucre glace
- Jus de 2 citrons

Préparation

1. Dans un grand bol, battre ensemble le beurre et le sucre jusqu'à obtenir un mélange clair et mousseux. Ajouter les œufs, un à la fois, et le zeste de citron.
2. Tamiser la farine et la levure au-dessus du mélange, et incorporer délicatement avec une spatule jusqu'à obtenir une pâte homogène.
3. Graisser légèrement un moule adapté à votre Ninja et y verser la pâte, en la nivelant avec une spatule.
4. Sélectionner le mode **BAKE** à 160°C pour une cuisson douce et uniforme. Cuire dans la Zone 1 pendant environ 35-40 minutes. Une fois cuit, retirer le gâteau de la friteuse et le laisser refroidir légèrement sur une grille.
5. Pendant que le gâteau est encore chaud, préparer le glaçage en mélangeant le jus de citron avec le sucre glace jusqu'à obtenir un mélange lisse. Piquer la surface du gâteau avec un cure-dent et verser uniformément le glaçage au citron, en laissant le gâteau absorber et cristalliser.
6. Transférer le gâteau sur un plat de service et le couper en tranches pour le servir en dessert.

MINI CLAFOUTIS AUX CERISES

 Préparation
10 min

 Cuisson
25 min

Portions
4

Ingrédients

- 200 g de cerises fraîches, dénoyautées
- 50 g de sucre en poudre
- 2 gros œufs
- 50 g de farine

- 1 pincée de sel
- 120 ml de lait
- 1/2 c. à. c. d'extrait de vanille
- Sucre glace, pour saupoudrer

Préparation

1. Répartir les cerises dénoyautées uniformément dans 4 ramequins en céramique adaptés à votre Ninja Dual Zone.
2. Dans un bol, battre les œufs avec le sucre en poudre jusqu'à obtenir un mélange clair et mousseux. Ajouter la farine tamisée et le sel, en remuant jusqu'à obtenir une pâte lisse.
3. Verser lentement le lait et l'extrait de vanille, en mélangeant jusqu'à obtenir une préparation homogène. Verser la préparation dans les ramequins contenant les cerises, en les remplissant aux deux tiers.
4. Sélectionner le mode **BAKE** et régler la température à 180°C. Régler le minuteur à 25 minutes et dupliquer les réglages pour la Zone 2 en sélectionnant le bouton MATCH.
5. Laisser refroidir légèrement les mini clafoutis avant de les servir avec une saupoudrée de sucre glace.

PROFITEROLES

🕐 **Préparation**
20 min

🍲 **Cuisson**
25-30 min

🍽 **Portions**
24

Préparation

1. Dans une casserole, porter à ébullition l'eau avec le beurre, le sel et le sucre. Retirer du feu et ajouter toute la farine, en mélangeant vigoureusement.
2. Remettre sur le feu et cuire en remuant jusqu'à ce que la pâte se détache des parois de la casserole.
3. Transférer la pâte dans un bol et laisser refroidir quelques minutes. Ajouter les œufs un à un, en mélangeant bien après chaque ajout jusqu'à obtenir une pâte homogène.
4. Mettre la pâte dans une poche à douille avec une douille lisse. Former des petits tas de pâte sur une plaque recouverte de papier sulfurisé, en laissant de l'espace entre chaque tas. Disposer les plaques dans les deux zones de la Ninja.
5. Sélectionner **BAKE** et régler la température à 200°C. Régler le minuteur sur 30 minutes et sélectionner MATCH. Cuire pendant 25-30 minutes, jusqu'à ce que les choux soient dorés.
6. Dans une casserole, chauffer le lait avec la vanille jusqu'à frémissement. Dans un bol, battre les jaunes d'œufs avec le sucre jusqu'à obtenir un mélange clair et mousseux, puis ajouter la farine.
7. Verser le lait chaud sur le mélange de jaunes d'œufs, en remuant constamment. Remettre le mélange dans la casserole et cuire à feu moyen, en remuant jusqu'à épaississement. Laisser refroidir.
8. Faire fondre le chocolat au bain-marie ou au micro-ondes, ajouter la crème et remuer jusqu'à obtenir un glaçage lisse.
9. Une fois les choux cuits, les couper en deux et les garnir de crème pâtissière. Recouvrir chaque profiterole de glaçage au chocolat. Laisser reposer au réfrigérateur avant de servir.

Ingrédients

Pour la Pâte à Choux

- 250 ml d'eau
- 100 g de beurre
- 1/4 c. à. c. de sel
- 1 c. à. c. de sucre
- 150 g de farine
- 4 gros œufs

Pour la Crème Pâtissière

- 500 ml de lait
- 4 jaunes d'œufs
- 100 g de sucre
- 40 g de farine
- 1 c. à. c. d'extrait de vanille

Pour le Glaçage au Chocolat

- 100 g de chocolat noir
- 50 ml de crème fraîche

BLACK PUDDING

 Préparation 5 min   **Cuisson** 10 min   **Portions** 4

Ingrédients

- 4 tranches de boudin noir
- Spray d'huile de cuisson, pour les paniers

Préparation

1. Vaporiser légèrement les deux paniers avec le spray d'huile de cuisson.
2. Disposer deux tranches de boudin noir dans chaque panier de la friteuse à air.
3. Sélectionner le mode **AIR FRY** et régler la température à 180°C et le temps de cuisson à 10 minutes. Cela devrait suffire pour cuire le boudin noir jusqu'à ce qu'il soit croustillant à l'extérieur et encore moelleux à l'intérieur.
4. Utiliser le bouton MATCH pour dupliquer automatiquement les réglages de cuisson de la Zone 1 à la Zone 2 et appuyer sur START/STOP pour lancer la cuisson.
5. Après 10 minutes, vérifier le boudin noir pour s'assurer qu'il a atteint la consistance désirée; il devrait être croustillant à l'extérieur. Si nécessaire, ajouter quelques minutes de cuisson supplémentaires.
6. Une fois prêt, servir le boudin noir chaud dans le cadre d'un petit-déjeuner ou comme collation.

GÂTEAUX ROCHERS

 Préparation 15 min   **Cuisson** 18 min   **Portions** 10

Ingrédients

- 200 g de farine avec levure incorporée
- 1 c. à. c. de levure chimique
- 1/2 c. à. c. de cannelle en poudre
- 100 g de beurre froid, coupé en dés
- 100 g de sucre de canne
- 120 g de raisins secs ou mélange de fruits secs
- 1 œuf moyen, battu
- 2 c. à. s. de lait
- Sucre brut pour saupoudrer

Préparation

1. Dans un grand bol, tamiser la farine, la levure chimique et la cannelle. Ajouter le beurre et travailler la pâte avec les doigts jusqu'à ce qu'elle ressemble à de la chapelure.
2. Incorporer le sucre de canne et les fruits secs, puis l'œuf battu et le lait, en mélangeant jusqu'à obtenir une pâte collante.
3. Avec l'aide de deux cuillères ou des mains légèrement farinées, former des tas de pâte et les disposer sur une plaque pour la Ninja recouverte de papier sulfurisé. Laisser de l'espace entre chaque gâteau.
4. Saupoudrer la surface de chaque gâteau rocher avec un peu de sucre brut.
5. Sélectionner le mode **BAKE** à 180°C. Placer la moitié des gâteaux rochers dans la Zone 1 et l'autre moitié dans la Zone 2. Régler le minuteur sur 18 minutes et sélectionner MATCH. Démarrer la cuisson en appuyant sur START/STOP.
6. Une fois cuits, laisser refroidir les gâteaux rochers quelques minutes sur la plaque avant de les servir.

BANANES RÔTIES

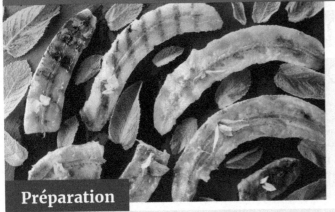

 Préparation
5 min

 **Cuisson**
10 min

Portions
4

Ingrédients

- 4 bananes mûres
- 2 c. à. s. de miel
- 1/2 c. à. c. de cannelle en poudre
- Le jus d'un 1/2 citron
- Une pincée de sel
- 4 c. à. s. de beurre
- Feuilles de menthe pour garnir

Préparation

1. Peler les bananes et les couper en deux dans le sens de la longueur. Dans un petit bol, mélanger le miel, la cannelle, le jus de citron et une pincée de sel.
2. Graisser légèrement le panier de la Zone 1 de la Ninja avec un filet d'huile. Disposer les moitiés de bananes dans le panier, côté coupé vers le haut.
3. Répartir équitablement le beurre et le mélange de miel et de cannelle sur les bananes. Verser le mélange de miel et de cannelle sur les bananes.
4. Sélectionner le mode **BAKE**. Régler la température à 180°C et le temps de cuisson à 10 minutes. Appuyer sur START/STOP pour lancer la cuisson.
5. À mi-cuisson, ouvrir le panier de la Ninja pour vérifier et, si nécessaire, arroser les bananes avec leur propre jus formé pour éviter qu'elles ne se dessèchent.
6. Servir les bananes garnies de feuilles de menthe.

FRITTATA AUX LÉGUMES ET CHEDDAR

 Préparation
10 min

Cuisson
15 min

Portions
4

Ingrédients

- 8 gros œufs
- 100 ml de lait entier
- 200 g de cheddar, râpé
- 1 courgette moyenne, coupée en dés
- 1 poivron rouge, coupé en dés
- 1 petit oignon, finement haché
- Sel et poivre, à goût
- Huile d'olive, pour graisser

Préparation

1. Dans un grand bol, battre les œufs avec le lait. Ajouter le cheddar râpé (en réservant un peu), le sel et le poivre. Bien mélanger.
2. Graisser légèrement le panier de la Zone 1 avec un peu d'huile d'olive. Répartir les légumes coupés dans le panier.
3. Sélectionner le mode ROAST, régler la température à 180°C et le temps de cuisson à 5 minutes pour ramollir légèrement les légumes avant d'ajouter le mélange d'œufs. Appuyer sur START/STOP pour démarrer la cuisson.
4. Après 5 minutes, ouvrir délicatement la friteuse et verser le mélange d'œufs et de fromage sur les légumes de manière homogène. Saupoudrer le dessus avec le cheddar réservé.
5. Utiliser le même programme "ROAST", régler le temps de cuisson supplémentaire à 10 minutes, en maintenant la température à 180°C. Appuyer sur START/STOP pour continuer la cuisson.
6. Une fois prête, utiliser une spatule pour transférer délicatement la frittata sur un plat de service.
7. Laisser reposer quelques minutes, puis couper en portions et servir.

PITA GRECQUE AU POULET ET TZATZIKI

Préparation
20 min

Cuisson
20 min

Portions
4

Préparation

1. Dans un bol, mélanger l'huile d'olive, l'origan, le paprika, l'ail en poudre, le sel et le poivre. Ajouter les lanières de poulet et mélanger pour bien les enrober de marinade. Laisser mariner au réfrigérateur pendant au moins 1 heure.
2. Dans un autre bol, mélanger le yaourt grec avec le concombre râpé, l'ail, le jus de citron, l'aneth, le sel et le poivre. Couvrir et réfrigérer jusqu'à utilisation.
3. Régler la Zone 1 de la Ninja Dual Zone à 180°C en mode **BAKE**. Disposer les lanières de poulet marinées dans le panier de la Zone 1. Régler le minuteur sur 20 minutes.
4. Dans la Zone 2, placer les pains pita et sélectionner le mode **REHEAT** à 140°C. Régler le minuteur sur 5 minutes et sélectionner le bouton SYNC. Démarrer la cuisson en appuyant sur START/STOP.
5. Une fois la cuisson terminée, ouvrir chaque pita et la garnir de laitue, de tranches de tomate, d'oignon rouge et de lanières de poulet. Ajouter une bonne quantité de tzatziki et servir immédiatement.

Ingrédients

Pour le Poulet
- 500 g de poitrine de poulet, coupée en lanières
- 2 c. à. s. d'huile d'olive
- 5 g d'origan séché
- 5 g de paprika
- 5 g d'ail en poudre
- Sel et poivre noir, à goût

Pour le Tzatziki
- 200 g de yaourt grec
- 1 petit concombre, râpé et égoutté
- 2 gousses d'ail, hachées
- Jus d'un 1/2 citron
- 20 g d'aneth frais, haché
- Sel et poivre, à goût

Pour l'Assemblage
- 4 pains pita
- 1 grosse tomate, coupée en tranches
- 1 petit oignon rouge, finement tranché
- Feuilles de laitue, déchirées

POULET AU CURRY

 Préparation 20 min **Cuisson** 40 min **Portions** 4

Ingrédients

- 8 hauts de cuisses de poulet (environ 1 kg au total)
- 30 ml d'huile de graines
- 30 g de poudre de curry
- 5 g de curcuma en poudre
- 5 g de cumin en poudre
- 300 g d'oignons
- moyens, hachés
- 4 gousses d'ail, écrasées
- 20 g de gingembre râpé
- 400 ml de lait de coco
- 400 g de tomates pelées, hachées
- Sel et poivre noir à goût
- Coriandre fraîche pour garnir

Préparation

1. le sel et le poivre, et masser pour bien les enrober.
2. Vaporiser un peu d'huile dans les paniers de la friteuse et disposer la moitié des hauts de cuisses de poulet dans la Zone 1 et l'autre moitié dans la Zone 2.
3. Régler la Ninja Dual en mode **ROAST** à 180°C pour 40 minutes. Répéter les mêmes réglages pour la Zone 2 en utilisant le bouton MATCH et démarrer la cuisson avec le bouton START/STOP.
4. Pendant que le poulet cuit, faire revenir les oignons, l'ail et le gingembre dans une poêle avec un peu d'huile jusqu'à ce qu'ils soient tendres et aromatiques.
5. Ajouter les tomates pelées et cuire jusqu'à ce qu'elles commencent à se décomposer. Verser le lait de coco et laisser mijoter pour obtenir une sauce épaisse.
6. Une fois cuit, retirer le poulet de la Ninja et le servir avec la sauce au curry, garni de coriandre hachée.

SANDWICH DE DINDE RÔTIE

 Préparation 15 min   **Cuisson** 50 min **Portions** 4

Ingrédients

- 500 g de poitrine de dinde
- 1 c. à. s. d'huile d'olive
- Sel et poivre, à goût
- Herbes aromatiques au choix (romarin,
- sauge, thym)
- 4 grands pains ou 8 tranches de pain artisanal
- Laitue, tomate, mayonnaise, moutarde

Préparation

1. Frotter la poitrine de dinde avec l'huile d'olive, le sel, le poivre et les herbes aromatiques.
2. Placer la dinde dans le panier de la Zone 1 et sélectionner le mode **ROAST** à 180°C. Régler le minuteur à environ 50 minutes.
3. Badigeonner légèrement les pains avec un filet d'huile d'olive.
4. Placer les pains dans le panier de la Zone 2 et sélectionner le mode **BAKE**. Régler la température à 180°C pour 5 minutes. Sélectionner SYNC et démarrer la cuisson avec START/STOP.
5. Pendant ce temps, surveiller la cuisson de la dinde, de préférence avec une sonde (la dinde est cuite lorsque la température interne atteint 75°C).
6. Une fois cuite, laisser reposer la poitrine de dinde pendant quelques minutes avant de la trancher.
7. Assembler les sandwichs en tartinant de la mayonnaise et de la moutarde sur le pain, en ajoutant de la laitue, des tranches de tomate et enfin la dinde tranchée.

POULET TANDOORI CHINOIS

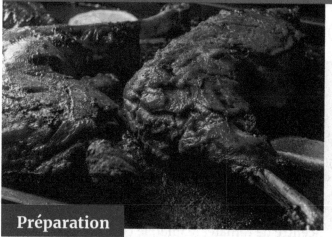

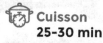 **Préparation**
10 min

Cuisson
25-30 min

Portions
4

Ingrédients

- 4 cuisses de poulet, avec peau et os
- 200 g de yaourt grec
- 2 c. à. s. de pâte de tandoori
- 1 c. à. c. de paprika
- 1 c. à. c. de coriandre en poudre
- 1 c. à. c. de cumin en poudre
- 1 c. à. c. de curcuma en poudre
- Sel, huile et poivre noir, à goût
- Jus d'un citron

Préparation

1. Dans un grand bol, mélanger le yaourt avec la pâte de tandoori, le paprika, la coriandre, le cumin, le curcuma, le sel, le poivre noir et le jus de citron. Inciser le poulet à plusieurs endroits pour permettre à la marinade de pénétrer.
2. Tremper le poulet dans la marinade, en veillant à ce qu'il soit complètement enrobé. Couvrir et laisser mariner au réfrigérateur pendant au moins une heure.
3. Retirer le poulet de la marinade et huiler légèrement les grilles de la friteuse à air avec de l'huile d'olive.
4. Placer 2 cuisses de poulet sur la grille dans la Zone 1 et les 2 autres dans la Zone 2. Sélectionner le mode **ROAST** et régler la température à 200°C et le minuteur à 30 minutes.
5. Sélectionner MATCH et démarrer la cuisson. Cuire jusqu'à ce que le poulet soit bien cuit à l'extérieur. Utiliser un thermomètre à viande pour s'assurer que la température interne atteint 75°C.
6. Laisser reposer le poulet quelques minutes. Servir chaud, garni de tranches de citron et accompagné de salade fraîche ou de riz basmati.

SHAWARMA DE POULET

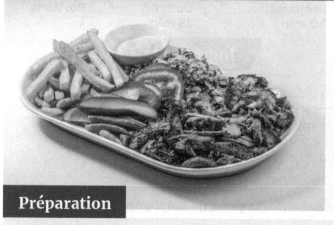

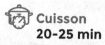 **Préparation**
15 min

Cuisson
20-25 min

Portions
4

Ingrédients

- 500 g de poitrine de poulet, coupée en fines lanières
- 2 c. à. s. d'huile d'olive
- 5 g de coriandre moulue
- 5 g de cumin moulu
- 3 g de paprika
- 2 g de curcuma
- 2 g de cannelle
- Sel et poivre noir, à goût
- Jus d'un citron

Préparation

1. Dans un grand bol, combiner l'huile d'olive, la coriandre, le cumin, le paprika, le curcuma, la cannelle, le sel, le poivre et le jus de citron. Ajouter les lanières de poulet et bien mélanger pour les enrober complètement de marinade. Couvrir et laisser mariner au réfrigérateur pendant au moins 2 heures.
2. Disposer les lanières de poulet marinées dans la Zone 1 du panier. Si nécessaire, utiliser la Zone 2 pour éviter de superposer le poulet. Sélectionner le mode **ROAST** pour obtenir une cuisson uniforme et une dorure similaire à celle obtenue sur une grille rotative traditionnelle de shawarma.
3. Régler la température à 200°C et appuyer sur START/STOP. Cuire pendant 20-25 minutes, en retournant le poulet à mi-cuisson pour assurer une cuisson uniforme.
4. Servir le shawarma de poulet avec une salade fraîche, des tomates, des concombres et une généreuse portion de sauce tahini ou de yaourt.

CURRYWURST DE POULET

🕐 **Préparation**
10 min

 Cuisson
15 min

🍽 **Portions**
2

Ingrédients

- 4 saucisses de poulet
- 2 c. à. s. d'huile d'olive
- 150 ml de ketchup
- 2 c. à. s. de concentré de tomate

- 1 c. à. s. de miel
- 2 c. à. c. de curry en poudre
- 1 c. à. c. de paprika fumé
- Sel et poivre, à goût

Préparation

1. Dans une petite casserole, mélanger le ketchup, le concentré de tomate, le miel, le curry en poudre et le paprika fumé.
2. Chauffer à feu moyen jusqu'à ce que la sauce commence à bouillir. Réduire le feu et laisser mijoter pendant 5 minutes, puis retirer du feu et mettre de côté.
3. Graisser légèrement le panier de la Ninja avec de l'huile d'olive et disposer les saucisses de poulet dans la Zone 1. Assurez-vous qu'elles ne se chevauchent pas pour permettre une cuisson uniforme.
4. Sélectionner le mode **AIR FRY**, régler la température à 180°C et le temps de cuisson à 15 minutes. Appuyer sur START/STOP pour démarrer la cuisson.
5. À 6-7 minutes de la fin, retourner les saucisses pour assurer une cuisson uniforme.
6. Une fois cuites, couper les saucisses en morceaux d'environ 2-3 cm et les disposer dans une assiette avec la sauce curry chaude et un peu de curry en poudre supplémentaire.

YORKSHIRE PUDDINGS AVEC RÔTI DE BŒUF

🕐 **Préparation**
20 min

 Cuisson
25 min

 Portions
4

Ingrédients

- 140 g de farine
- 4 gros œufs
- 200 ml de lait
- Sel à goût
- 200 g de rôti de bœuf cuit et tranché

Préparation

1. Dans un grand bol, tamiser la farine avec une pincée de sel. Dans un autre bol, battre les œufs et le lait ensemble jusqu'à obtenir un mélange homogène.
2. Ajouter progressivement le mélange œufs-lait à la farine, en remuant constamment jusqu'à former une pâte lisse. Laisser reposer la pâte pendant au moins 15 minutes.
3. Verser la pâte dans des moules à muffins adaptés à votre Ninja Dual Zone. Sélectionner le mode **BAKE** à 200°C pendant environ 25 minutes.
4. Pendant ce temps, disposer les tranches de rôti de bœuf en une seule couche et les placer dans la Zone 2. Régler le mode **REHEAT** à 140°C et le temps de cuisson à 7 minutes.
5. Utiliser la fonction SYNC et appuyer sur START/STOP pour lancer la cuisson.
6. Servir les mini Yorkshire puddings avec le rôti de bœuf réchauffé.

ESCALOPE DE PORC (SCHWEINESCHNITZEL)

 Préparation
15 min

Cuisson
10 min

Portions
2

Ingrédients

- 2 escalopes de porc (environ 200 g chacune)
- Sel et poivre à goût
- Farine de blé, pour paner
- 2 œufs, battus
- 50 g de chapelure
- Un filet d'huile d'olive

Préparation

1. Aplatir les escalopes de porc avec un attendrisseur à viande jusqu'à une épaisseur d'environ 0,5 cm. Assaisonner de sel et de poivre des deux côtés.
2. Préparer trois assiettes : une avec la farine, une avec les œufs battus et une avec la chapelure.
3. Passer chaque escalope d'abord dans la farine, puis dans l'œuf battu et enfin dans la chapelure, en appuyant légèrement pour que la chapelure adhère bien.
4. Badigeonner légèrement les 2 paniers de la Ninja Dual Zone avec de l'huile d'olive. Disposer une escalope dans chaque panier.
5. Sélectionner le mode **AIR FRY** et régler la température à 180°C et le temps de cuisson à environ 10 minutes. Activer le bouton MATCH et démarrer la cuisson en appuyant sur START/STOP.
6. À mi-cuisson, ouvrir les deux paniers et retourner délicatement les escalopes pour garantir une dorure uniforme des deux côtés.
7. Servir les escalopes chaudes, accompagnées d'un accompagnement au choix.

GYOZA JAPONAIS

 Préparation
30 min

Cuisson
10 min

Portions
20

Ingrédients

- 200 g de porc haché
- 100 g de chou chinois, finement haché
- 20 g d'oignons verts, hachés
- 1 gousse d'ail, hachée
- 5 g de gingembre frais, râpé
- 30 ml de sauce soja
- 1 c. à. s. d'huile de sésame
- 7 g de sucre
- Sel et poivre noir, à goût
- 20 feuilles de pâte à gyoza

Préparation

1. Dans un bol, mélanger le porc haché, le chou chinois, les oignons verts, l'ail, le gingembre, la sauce soja, l'huile de sésame, le sucre, le sel et le poivre. Bien mélanger jusqu'à obtenir une préparation homogène.
2. Prendre une feuille de pâte à gyoza et mettre une cuillère de farce au centre. Humidifier les bords de la pâte avec un peu d'eau, plier en deux et sceller en formant des plis.
3. Badigeonner légèrement les gyoza avec de l'huile de sésame et les disposer en une seule couche dans un plat adapté à votre Ninja, en utilisant les deux Zones. Sélectionner le mode **AIR FRY**, régler la température à 200°C et le minuteur à 10 minutes. Sélectionner MATCH et démarrer la cuisson en appuyant sur START/STOP.
4. Cuire pendant environ 8-10 minutes, en les retournant à mi-cuisson pour assurer une dorure uniforme.
5. Servir les gyoza chauds accompagnés d'une sauce à base de sauce soja, vinaigre de riz et un peu d'huile de sésame.

SAUMON TERIYAKI

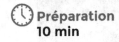 **Préparation**
10 min

 Cuisson
12 min

 **Portions**
2

Ingrédients

- 2 filets de saumon (environ 200 g chacun)
- 60 ml de sauce teriyaki
- 1 c. à. s. d'huile de sésame
- 1 c. à. s. de miel

- 1 gousse d'ail, finement hachée
- 1 c. à. c. de gingembre frais, râpé
- Graines de sésame, pour garnir

Préparation

1. Dans un bol, mélanger la sauce teriyaki, l'huile de sésame, le miel, l'ail haché et le gingembre râpé. Immerger les filets de saumon dans le mélange préparé et laisser mariner pendant au moins 30 minutes au réfrigérateur.
2. Retirer les filets de saumon de la marinade et laisser égoutter l'excès de liquide.
3. Régler la Zone 1 de la Ninja en mode **ROAST** à 180°C. Placer les filets de saumon sur une grille de la Zone 1. Démarrer la cuisson avec START/STOP et cuire pendant environ 12 minutes.
4. Pendant que le saumon cuit, faire bouillir la marinade restante dans une petite casserole et la réduire de moitié environ, jusqu'à ce qu'elle devienne légèrement épaisse.
5. Servir les filets de saumon sur une assiette, en les arrosant de la sauce teriyaki réduite et en garnissant de graines de sésame.

NUGGETS DE SCAMPI

Préparation
5 min

Cuisson
8-10 min

Portions
2-3

Ingrédients

- 300 g de nuggets de scampi surgelés
- Spray d'huile de cuisson (optionnel)

Préparation

1. Répartir les nuggets de scampi de manière uniforme dans le panier de la Zone 1. Il n'est pas nécessaire de les décongeler. Les vaporiser légèrement avec le spray d'huile.
2. Régler la Ninja Dual en mode **MAX CRISP** à une température de 200°C et un temps de cuisson de 8-10 minutes.
3. Fermer le tiroir de la Ninja et appuyer sur le bouton START/STOP pour démarrer la cuisson.
4. À mi-cuisson, retourner les nuggets de scampi pour s'assurer qu'ils cuisent uniformément des deux côtés.
5. Les nuggets de scampi sont délicieux servis avec de la sauce tartare, de la mayonnaise épicée, du ketchup ou d'autres sauces préférées.

CREVETTES AU PANKO

Préparation	Cuisson	Portions
5 min	15 min	4

Ingrédients

- 800 g de crevettes au panko surgelées

Préparation

1. Répartir uniformément la moitié des crevettes surgelées dans le panier de la Zone 1 et l'autre moitié dans le panier de la Zone 2.
2. Sélectionner le mode **MAX CRISP** et régler le temps de cuisson à 15 minutes (la température sera préréglée à 240°C).
3. Utiliser le bouton MATCH pour dupliquer automatiquement les mêmes réglages de la Zone 1 à la Zone 2.
4. Appuyer sur START/STOP pour lancer la cuisson.
5. À mi-cuisson, secouer les paniers pour assurer une cuisson uniforme.
6. Servir immédiatement les crevettes au panko bien chaudes, accompagnées d'une salade fraîche de saison et de sauces au choix.

GALETTES DE CRABE AVEC SAUCE CHILI DOUCE

Préparation	Cuisson	Portions
20 min	10 min	4

Ingrédients

- 500 g de chair de crabe, bien égouttée
- 100 g de chapelure
- 1 œuf, légèrement battu
- 30 ml de mayonnaise
- 1 c. à. c. de moutarde de Dijon
- 15 ml de jus de citron
- 20 g de ciboulette finement hachée
- Sel et poivre noir, à goût
- Sauce chili douce, à goût

Préparation

1. Dans un grand bol, mélanger délicatement la chair de crabe, 50 g de chapelure, l'œuf, la mayonnaise, la moutarde de Dijon, le jus de citron, la ciboulette, le sel et le poivre.
2. Former 8 galettes de crabe avec le mélange et les passer dans le reste de la chapelure. Mettre les galettes de crabe au réfrigérateur pendant 10 minutes pour les raffermir.
3. Allumer et régler la Ninja à 200°C en sélectionnant le mode **AIR FRY**. Vaporiser légèrement les deux paniers avec de l'huile en spray et disposer les galettes de crabe en veillant à ce qu'elles ne se chevauchent pas.
4. Utiliser la fonction MATCH pour régler les deux zones à cuire pendant 10 minutes, en retournant les galettes de crabe à mi-cuisson, jusqu'à ce qu'elles soient dorées et croustillantes.
5. Servir les galettes de crabe chaudes accompagnées de la sauce chili douce pour tremper.

TEMPURA DE CREVETTES JAPONAISES

 Préparation 15 min   **Cuisson** 6-8 min   **Portions** 4

Ingrédients

- 20 grosses crevettes, décortiquées et nettoyées, en laissant la queue
- 100 g de farine de blé
- 40 g de fécule de maïs
- 1 c. à. c. de levure chimique
- 1 c. à. c. de sel
- 150 ml d'eau glacée

Préparation

1. Dans un bol, tamiser ensemble la farine, la fécule de maïs, la levure chimique et le sel. Ajouter l'eau glacée au mélange de farine et mélanger brièvement avec une fourchette. La pâte doit rester légèrement grumeleuse.
2. Bien sécher les crevettes avec du papier absorbant. En tenant les crevettes par la queue, les tremper une à une dans la pâte, en s'assurant qu'elles soient complètement enrobées.
3. Vaporiser une fine couche d'huile au fond des deux paniers de la Ninja. Disposer une partie des crevettes panées, sans les superposer, dans la Zone 1 et l'autre partie dans la Zone 2.
4. Sélectionner le mode **AIR FRY** et régler la température à 200°C. Régler le minuteur à environ 7-8 minutes et utiliser la fonction MATCH pour dupliquer les réglages de cuisson dans la Zone 2. Démarrer la cuisson en appuyant sur START/STOP.
5. Retourner les crevettes à mi-cuisson et continuer la cuisson jusqu'à ce qu'elles soient dorées et croustillantes.
6. Servir les crevettes tempura immédiatement après la cuisson pour garantir leur croustillant, accompagnées de sauce tempura ou de sauce soja.

TACOS DE POISSON MEXICAINS

 **Préparation** 20 min   **Cuisson** 10-12 min   **Portions** 4

Ingrédients

- 400 g de filets de cabillaud
- 100 g de farine
- 1 œuf, battu
- 100 g de chapelure
- 1 c. à. c. de paprika
- Sel et poivre noir, à goût
- 8 tortillas de maïs ou de farine
- 200 g de chou rouge râpé
- Jus d'un citron
- 50 g de mayonnaise

Préparation

1. Couper les filets de poisson en lanières. Mélanger la farine avec le paprika, le sel et le poivre. Paner le poisson en le passant d'abord dans la farine assaisonnée, puis dans l'œuf battu, et enfin dans la chapelure.
2. Placer les lanières de poisson dans la Zone 1 de la friteuse et régler le mode **AIR FRY** à 200°C pour environ 10-12 minutes.
3. Dans la Zone 2, placer les tortillas et sélectionner le mode **REHEAT**, régler la température à 140°C et le temps à 3 minutes. Sélectionner SYNC et démarrer la cuisson en appuyant sur START/STOP.
4. Pendant ce temps, dans un bol, mélanger le chou rouge avec le jus de citron, une pincée de sel et la mayonnaise. Ajouter la coriandre hachée et bien mélanger.
5. Après 10-12 minutes, retirer le poisson et les tortillas des paniers.
6. Répartir un peu de salade de chou sur chaque tortilla chaude. Ajouter les lanières de poisson et des sauces au choix.
7. Servir les tacos de poisson immédiatement, accompagnés de quartiers de citron.

NACHOS MEXICAINS

 Préparation
15 min

 Cuisson
10 min

Portions
4

Préparation

1. Dans un bol, mélanger le bœuf haché avec l'oignon, l'ail, le cumin, le paprika, le sel et le poivre.
2. Placer le mélange de viande dans la Zone 1 et sélectionner le mode **ROAST**. Régler la température à 180°C et le minuteur à 9-10 minutes.
3. Dans un récipient adapté à votre Ninja, répartir uniformément les nachos et les placer dans la Zone 2. Régler la température à 170°C en mode **AIR FRY** et le minuteur à 4-5 minutes.
4. Utiliser la fonction SYNC et démarrer la cuisson en appuyant sur START/STOP. À mi-cuisson, retourner la viande hachée.
5. Une fois prêts, saupoudrer les nachos de cheddar râpé, puis ajouter la viande cuite, les haricots noirs et le poivron rouge. Cuire encore 2-3 minutes ou jusqu'à ce que le fromage soit complètement fondu.
6. Servir immédiatement les nachos avec la viande, en garnissant de coriandre fraîche, de jalapeños, de guacamole et de crème fraîche. Ajouter un filet de sauce tomate par-dessus pour plus de saveur et d'humidité.

Ingrédients

- 300 g de bœuf haché
- 200 g de nachos prêts à l'emploi
- 100 g de cheddar, râpé
- 1 oignon moyen, haché
- 2 gousses d'ail, hachées
- 1 poivron rouge, coupé en dés
- 1 boîte de haricots noirs, égouttés et rincés (220 g)
- 5 g de cumin en poudre
- 5 g de paprika
- Sel et poivre noir, à goût
- 100 ml de sauce tomate
- Coriandre fraîche, pour garnir
- Jalapeños en tranches, pour servir
- Guacamole et crème fraîche, pour servir

AUBERGINES À LA PARMIGIANA

 **Préparation**
20 min

 Cuisson
15+25 min

Portions
4

Préparation

1. Couper les aubergines en tranches d'environ 0,5 cm d'épaisseur. Les saler légèrement et les laisser reposer dans une passoire pendant environ 30 minutes pour éliminer l'amertume. Ensuite, rincer les aubergines sous l'eau froide et les sécher avec du papier absorbant.
2. Badigeonner légèrement les deux paniers de la Ninja avec de l'huile d'olive et disposer les tranches d'aubergine en veillant à ce qu'elles ne se chevauchent pas.
3. Sélectionner le mode **AIR FRY** à 200°C et cuire pendant 10-15 minutes, jusqu'à ce que les aubergines soient tendres et légèrement dorées.
4. Dans une poêle, chauffer un filet d'huile d'olive et faire revenir l'ail haché jusqu'à ce qu'il soit aromatique.
5. Ajouter la purée de tomates, une pincée de sucre, du sel et du poivre. Laisser mijoter à feu moyen-doux pendant environ 10 minutes. Ajouter les feuilles de basilic dans les dernières minutes de cuisson.
6. Dans un plat adapté à la Ninja, créer une couche d'aubergines, couvrir avec un peu de sauce tomate, des tranches de mozzarella et une pincée de Parmigiano-Reggiano. Répéter les couches jusqu'à épuisement des ingrédients, en terminant par du Parmigiano.
7. Sélectionner le mode **BAKE** à 180°C. Appuyer sur START/STOP et cuire la parmigiana pendant environ 25 minutes, jusqu'à ce que le fromage soit doré.
8. Laisser reposer la parmigiana pendant quelques minutes avant de servir, garnie de feuilles de basilic frais.

Ingrédients

- 2 aubergines
- Sel, pour dégorger les aubergines
- Huile d'olive extra vierge
- 400 g de purée de tomates
- 2 gousses d'ail, hachées
- Une pincée de sucre
- Basilic frais, en feuilles entières
- 250 g de mozzarella, tranchée
- 100 g de Parmigiano-Reggiano râpé
- Sel et poivre noir fraîchement moulu

PÃO DE QUEIJO BRÉSILIEN

 Préparation
10 min

Cuisson
15-20 min

Portions
20

Ingrédients

- 250 g de fécule de tapioca
- 100 ml d'eau
- 100 ml de lait
- 50 ml d'huile végétale
- 1 c. à c. de sel
- 1 gros œuf
- 150 g de fromage Parmigiano râpé

Préparation

1. Dans une casserole, combiner l'eau, le lait, l'huile et le sel. Porter à ébullition. Verser le liquide bouillant sur la fécule de tapioca dans un grand bol et mélanger jusqu'à obtenir un mélange homogène.
2. Laisser refroidir pendant quelques minutes, puis ajouter l'œuf et le fromage, en mélangeant bien jusqu'à ce que le tout soit bien incorporé.
3. Prendre de petites quantités de pâte et former des boulettes d'environ 3-4 cm de diamètre.
4. Disposer les boulettes de Pão de Queijo dans les deux Zones de la Ninja, en laissant de l'espace entre chacune pour permettre une cuisson uniforme.
5. Sélectionner le mode **BAKE**, régler la température à 180°C et le temps de cuisson à 15-20 minutes. Sélectionner MATCH et démarrer la cuisson en appuyant sur START/STOP.
6. Les Pão de Queijo sont prêts lorsqu'ils sont gonflés et dorés. Les servir chauds.

ASPERGES AU JAMBON

 Préparation
10 min

Cuisson
12 min

Portions
4

Ingrédients

- 500 g d'asperges fraîches
- 8 tranches de jambon
- Huile d'olive extra vierge
- Sel et poivre noir fraîchement moulu
- Jus de citron ou vinaigre balsamique pour servir

Préparation

1. Laver les asperges et couper les extrémités ligneuses.
2. Enrouler chaque asperge avec une tranche de jambon, en laissant les pointes découvertes.
3. Disposer les asperges enroulées en une seule couche sur une assiette et les assaisonner légèrement avec de l'huile d'olive, du sel et du poivre.
4. Badigeonner légèrement le panier de la Zone 1 de la Ninja avec un peu d'huile d'olive. Disposer les asperges enroulées de jambon dans le panier en une seule couche, en veillant à ce qu'elles ne se chevauchent pas.
5. Sélectionner le mode **AIR FRY** et régler la température à 200°C et le minuteur à 12 minutes.
6. Servir les asperges chaudes, arrosées d'un peu de jus de citron frais ou d'un filet de vinaigre balsamique.

POIVRONS FARCIS

 Préparation
25 min

Cuisson
30 min

 Portions
6

Préparation

1. Cuire le riz basmati selon les instructions sur l'emballage, puis l'égoutter et le mettre de côté.
2. Dans une poêle, chauffer un filet d'huile d'olive et faire revenir l'oignon et l'ail. Ajouter la courgette et la carotte, et cuire jusqu'à ce qu'elles soient tendres. Incorporer le maïs et les tomates pelées, et cuire encore 5 minutes. Assaisonner avec du sel et du poivre.
3. Retirer du feu et mélanger le riz cuit avec les légumes. Ajouter les herbes aromatiques et la moitié du fromage râpé.
4. Couper la partie supérieure des poivrons et enlever les graines et l'intérieur. Remplir chaque poivron avec le mélange de riz et de légumes, puis saupoudrer le dessus avec le reste du fromage.
5. Badigeonner les paniers de la Ninja avec un filet d'huile d'olive. Disposer les poivrons farcis dans le panier de la Zone 1 et les chapeaux des poivrons dans le panier de la Zone 2.
6. Sélectionner le mode **ROAST** à 180°C et régler le temps de cuisson à 30 minutes. Utiliser le bouton MATCH pour dupliquer les réglages d'une zone à l'autre et démarrer la cuisson en appuyant sur START/STOP.
7. Vérifier à mi-cuisson et, si nécessaire, ajouter un peu d'eau dans le panier pour éviter que les poivrons ne se dessèchent trop.
8. Servir les poivrons chauds, accompagnés d'une salade fraîche de saison.

Ingrédients

- 6 poivrons moyens, de différentes couleurs
- 200 g de riz basmati
- 1 oignon moyen, finement haché
- 2 gousses d'ail, hachées
- 1 petite courgette, coupée en dés
- 1 carotte moyenne, coupée en dés
- 100 g de maïs en conserve, égoutté
- 200 g de tomates pelées en conserve, hachées
- 100 g de fromage râpé (Emmental ou similaire)
- Huile d'olive extra vierge
- Sel et poivre, à goût
- Herbes aromatiques fraîches

ŒUFS ÉCOSSAIS

 **Préparation**
20 min

 Cuisson
15 min

 Portions
4

Préparation

1. Cuire les 4 gros œufs dans de l'eau bouillante pendant environ 6 minutes pour obtenir des œufs durs avec le centre encore moelleux. Les refroidir rapidement sous l'eau froide puis les écaler.
2. Dans un bol, mélanger la chair à saucisse avec la moutarde en poudre, le thym, le sel et le poivre, jusqu'à obtenir un mélange homogène.
3. Diviser le mélange de saucisse en 4 portions égales. Aplatir chaque portion et l'enrouler autour de chaque œuf dur, en s'assurant de bien les recouvrir.
4. Préparer trois assiettes : une avec la farine, une avec les 2 œufs battus et une avec la chapelure. Passer chaque œuf enrobé de saucisse d'abord dans la farine, puis dans l'œuf battu et enfin dans la chapelure.
5. Préparer la Ninja Dual Zone en badigeonnant légèrement le panier de la Zone 1 avec de l'huile végétale et disposer les œufs panés en une seule couche.
6. Sélectionner **AIR FRY** à 180°C pour 15 minutes. Appuyer sur START/STOP pour démarrer la cuisson. Tourner délicatement les œufs écossais à mi-cuisson pour assurer un brunissage uniforme.
7. Laisser reposer quelques minutes avant de les servir accompagnés de sauce piquante ou de mayonnaise.

Ingrédients

- 4 gros œufs
- 400 g de chair à saucisse de porc
- 100 g de farine
- 2 œufs moyens, battus
- 200 g de chapelure
- 1 c. à. c. de moutarde en poudre
- 1 c. à. c. de thym frais haché
- Sel et poivre noir, à goût
- Huile végétale pour badigeonner

CALZONE FARCI À LA RICOTTA ET AU SALAMI

 Préparation
15 min

 Cuisson
8-9 min

Portions
2

Préparation

1. Diviser la pâte en deux parts égales et les étaler sur une surface farinée pour obtenir deux cercles d'environ 26 cm de diamètre chacun.
2. Répartir uniformément la ricotta sur chaque cercle de pâte, en laissant une bordure de 2,5 cm. Assaisonner de sel et de poivre.
3. Étaler deux cuillères à soupe de sauce tomate sur la ricotta de chaque cercle, puis ajouter la mozzarella, le basilic haché et le salami, en les répartissant uniformément.
4. Humidifier légèrement les bords de la pâte avec de l'eau, puis plier en deux et presser les bords pour sceller et former une demi-lune. Replier les bords pour bien fermer les calzones.
5. Préparer les paniers avec un léger spray d'huile. Placer un calzone dans chaque panier (ou les deux dans le même, selon le modèle de votre Ninja).
6. Étaler une cuillère à soupe supplémentaire de sauce tomate sur chaque calzone.
7. Sélectionner la Zone 1, tourner le bouton pour sélectionner **AIR FRY**, régler la température à 220°C et le temps à 9 minutes. Sélectionner MATCH et démarrer la cuisson avec START/STOP.
8. Vérifier les calzones après 8 minutes de cuisson. Pour une croûte plus croustillante, laisser cuire encore 20-30 secondes, en veillant à ne pas les brûler.
9. Servir les calzones chauds.

Ingrédients

- 350 g de pâte à pizza
- 150 g de ricotta
- 125 g de mozzarella, égouttée et coupée en dés
- 6 c. à. s. de sauce tomate pour pizza
- 40 g de salami en tranches
- Basilic frais, grossièrement haché
- Sel et poivre, à goût
- Farine (pour travailler la pâte)
- Huile en spray pour la cuisson

EMPANADAS ARGENTINES

🕐 **Préparation**
30 min

🍲 **Cuisson**
15-20 min

🍽 **Portions**
12

Préparation

1. Dans un grand bol, mélanger la farine et le sel. Ajouter le beurre et travailler du bout des doigts jusqu'à obtenir une consistance sableuse. Ajouter l'œuf et l'eau, petit à petit, en travaillant jusqu'à former une pâte lisse. Envelopper dans un film plastique et laisser reposer au réfrigérateur.
2. Dans une poêle, chauffer un filet d'huile d'olive et faire revenir l'oignon et l'ail jusqu'à ce qu'ils deviennent translucides. Ajouter le poivron rouge et cuire encore 5 minutes. Ajouter la viande hachée, le paprika, le cumin, le sel et le poivre, et cuire jusqu'à ce que la viande soit bien dorée.
3. Retirer du feu et laisser refroidir. Incorporer ensuite les olives et les œufs durs hachés.
4. Abaisser la pâte sur une surface légèrement farinée jusqu'à une épaisseur d'environ 2 mm. Utiliser un emporte-pièce ou un grand verre pour découper des disques d'environ 15 cm de diamètre.
5. Déposer une cuillerée de garniture au centre de chaque disque. Plier la pâte en demi-lune et sceller les bords avec une fourchette.
6. Badigeonner les empanadas avec l'œuf battu et les disposer dans la Zone 1 et la Zone 2 de la Ninja Dual, en veillant à ce qu'elles ne se chevauchent pas.
7. Sélectionner le mode **BAKE**, régler la température à 190°C et le temps de cuisson à 18 minutes. Pour dupliquer les réglages à la Zone 2, sélectionner MATCH et démarrer la cuisson en appuyant sur START/STOP.
8. Servir les empanadas chaudes, accompagnées de sauce chimichurri ou d'une sauce piquante au goût.

Ingrédients

Pour la Pâte
- 300 g de farine
- 100 g de beurre froid, coupé en dés
- 1 œuf
- 50 ml d'eau froide
- 1 c. à. c. de sel

Pour la Garniture
- 300 g de viande de bœuf hachée
- 1 grosse oignon, finement haché
- 1 poivron rouge, haché
- 2 gousses d'ail, hachées
- 5 g de paprika doux
- 2 g de cumin en poudre
- 100 g d'olives vertes, hachées
- 2 œufs durs, hachés
- Sel et poivre noir, à goût
- Huile d'olive

Pour Badigeonner
- 1 œuf, battu

CANNOLI SICILIENS

🕐 **Préparation**
30 min

🍲 **Cuisson**
10 min

🍽 **Portions**
12

Préparation

1. Dans un bol, mélanger la farine avec le sucre, le cacao et la cannelle. Ajouter l'œuf, le beurre et le vin Marsala, en mélangeant jusqu'à obtenir une pâte homogène. Envelopper dans du film plastique et laisser reposer pendant 30 minutes.
2. Étaler la pâte finement et découper des cercles d'environ 10 cm de diamètre. Enrouler chaque cercle autour d'un tube métallique pour cannoli. Badigeonner légèrement d'huile.
3. Placer les cannoli sur la grille dans la Zone 1 et la Zone 2, en utilisant le mode **AIR FRY** pour une cuisson croustillante. Régler la température à 190 °C et le temps de cuisson à 8-10 minutes. Utiliser le bouton MATCH pour répliquer les réglages dans la Zone 2 et démarrer la cuisson avec START/ STOP.
4. Cuire pendant 8-10 minutes ou jusqu'à ce que les cialdes soient croustillantes et dorées.
5. Dans un bol, mélanger la ricotta avec le sucre glace jusqu'à obtenir une crème lisse. Incorporer délicatement les pépites de chocolat et les fruits confits.
6. Une fois refroidies, retirer délicatement les tubes des cialdes. Remplir les cialdes avec la crème de ricotta en utilisant une poche à douille.
7. Saupoudrer les cannoli de sucre glace avant de servir.

Ingrédients

Pour les Cialdes

- 250 g de farine
- 30 g de sucre
- 30 g de beurre, ramolli
- 1 œuf
- 50 ml de vin Marsala
- 1 c. à c. de cacao en poudre
- Une pincée de cannelle
- Huile pour friture (pour badigeonner)

Pour la Garniture

- 500 g de ricotta fraîche, bien égouttée
- 150 g de sucre glace
- 50 g de pépites de chocolat
- 50 g de fruits confits mélangés, finement hachés
- Sucre glace pour saupoudrer

SABLÉS ÉCOSSAIS

 **Préparation**
15 min

Cuisson
20-25 min

Portions
20

Ingrédients

- 300 g de farine
- 200 g de beurre froid, coupé en dés
- 100 g de sucre glace
- Une pincée de sel

Préparation

1. Dans un grand bol, tamiser la farine et y ajouter le sucre glace et le sel. Incorporer le beurre froid et travailler la pâte avec les doigts jusqu'à obtenir une texture sablonneuse. Compresser la pâte pour former une boule homogène.
2. Sur une surface légèrement farinée, abaisser la pâte à une épaisseur d'environ 1 cm. Utiliser un emporte-pièce ou un verre pour découper les sablés.
3. Disposer les sablés sur une feuille de papier cuisson adaptée à la friteuse, en veillant à laisser de l'espace entre chaque sablé pour éviter qu'ils ne collent pendant la cuisson.
4. Placer la moitié des sablés dans la Zone 1 et l'autre moitié dans la Zone 2 de la Ninja. Sélectionner le mode **BAKE** et régler la température à 150°C. Régler le minuteur sur 20-25 minutes et utiliser le bouton MATCH pour dupliquer les réglages dans la Zone 2. Démarrer la cuisson en appuyant sur START/STOP.
5. Une fois cuits, laisser refroidir les sablés sur la grille de la Ninja. Servir les sablés écossais nature ou décorés de sucre glace, de chocolat fondu ou de glaçage.

PUDDING AU PAIN

 **Préparation**
15 min

Cuisson
25-30 min

Portions
6

Ingrédients

- 250 g de pain rassis, coupé en cubes
- 500 ml de lait
- 100 g de sucre semoule
- 50 g de beurre, plus extra pour graisser
- 2 gros œufs, battus
- 1 c. à c. d'extrait de vanille
- 1 c. à c. de cannelle en poudre
- 70 g de raisins secs ou fruits secs au choix
- Sucre glace pour décorer (optionnel)

Préparation

1. Dans une casserole, chauffez le lait avec le beurre jusqu'à ce qu'il soit fondu (sans porter à ébullition). Dans un grand bol, versez le lait chaud sur les cubes de pain. Laissez tremper pendant environ 10 minutes.
2. Ajoutez le sucre, les œufs battus, l'extrait de vanille, la cannelle et les raisins secs au mélange de pain. Mélangez bien jusqu'à obtenir un mélange homogène.
3. Graissez légèrement un moule adapté à votre Ninja Dual Zone. Versez le mélange dans le moule préparé, en égalisant la surface.
4. Placez le moule dans la Zone 1 de la friteuse à air. Sélectionnez la fonction **BAKE** et réglez le minuteur sur 25-30 minutes. Lancez la cuisson en appuyant sur START/STOP.
5. Laissez refroidir quelques minutes avant de démouler. Servez chaud, saupoudré de sucre glace si désiré.

LEBKUCHEN

 **Préparation**
30 min

 **Cuisson**
10-12 min

 Portions
24

Préparation

1. Dans une casserole, fais fondre le beurre avec le miel et le sucre de canne à feu moyen, en remuant jusqu'à obtenir un mélange homogène. Laisse refroidir légèrement.
2. Dans un grand bol, tamise la farine, la levure, le bicarbonate de soude et les épices. Ajoute le zeste d'orange, les amandes hachées et les fruits confits au mélange de farine.
3. Verse le mélange de miel, beurre et sucre dans le bol avec les ingrédients secs, ajoute l'œuf et mélange jusqu'à former une pâte homogène.
4. Verse la pâte dans des moules à Lebkuchen ou forme de petits disques avec les mains. Dispose-les sur 2 plaques adaptées à ta Ninja, recouvertes de papier cuisson, et insère-les dans les deux Zones.
5. Allume la Ninja Dual et règle la température à 180°C en mode **BAKE**, avec le minuteur sur 12 minutes. Sélectionne MATCH et lance la cuisson avec START/STOP.
6. Pendant ce temps, mélange le sucre glace avec le jus de citron pour créer un glaçage lisse. Une fois les Lebkuchen refroidis, badigeonne-les de glaçage.
7. Sers les Lebkuchen immédiatement ou conserve-les dans une boîte hermétique.

Ingrédients

- 350 g de farine
- 100 g de sucre de canne
- 150 g de miel
- 100 g de beurre
- 1 gros œuf
- 7 g de levure chimique
- 1/2 c. à. c. de bicarbonate de soude
- 10 g de mélange d'épices (cannelle, clous de girofle, muscade, gingembre)
- Zeste râpé d'une orange et 20 ml de jus de citron
- 100 g d'amandes hachées
- 50 g de fruits confits, hachés
- 200 g de sucre glace

MUFFINS À LA BANANE ET AU TOFFEE

Préparation

1. Tamisez la farine avec les épices mélangées et le sel dans un bol.
2. Dans un grand bol, épluchez et écrasez les bananes jusqu'à obtenir une purée homogène. Ajoutez le sucre, l'huile, les œufs battus et l'extrait de vanille, puis mélangez bien.
3. Incorporez progressivement les ingrédients secs au mélange de banane, en remuant délicatement jusqu'à obtenir une pâte homogène. Ajoutez les pépites de chocolat.
4. Disposez des caissettes en papier dans les moules à muffins et remplissez-les aux trois quarts avec la pâte.
5. Préparez les paniers de votre Ninja Dual Zone en les recouvrant de plaques de cuisson. Placez les moules à muffins dans les paniers.
6. Sélectionnez la Zone 1, tournez le bouton pour choisir **BAKE**, réglez la température à 160°C et le temps à 15 minutes. Sélectionnez MATCH et appuyez sur START/STOP pour commencer la cuisson.
7. Laissez refroidir les muffins sur une grille pendant 5 minutes avant de les garnir d'une cuillerée de caramel et d'une chips de banane séchée sur chacun.

Ingrédients

- 200 g de farine avec levure incorporée
- 1 c. à c. d'épices mélangées (cannelle, muscade, gingembre)
- 1/2 c. à c. de sel
- 2 bananes mûres (environ 320 g en tout)
- 200 g de sucre de canne clair
- 100 ml d'huile végétale
- 2 gros œufs, battus
- 1 c. à c. d'extrait de vanille
- 50 g de pépites de chocolat
- 100 g de caramel dense ou de dulce de leche
- 12 chips de banane séchée pour décorer

Made in United States
Orlando, FL
01 October 2024

52194129R10057